I0156304

Couvertures supérieure et inférieure
en couleur

PRÉFECTURE DE LOT-ET-GARONNE.

MONOGRAPHIES HISTORIQUES

Publiées sous les Auspices du Conseil Général de Lot-et-Garonne.

NOTICE

SUR

LA VILLE DE MARMANDE

PAR

M. PHILIPPE TAMIZEY DE LARROQUE.

VILLENEUVE-SUR-LOT,

IMPRIMERIE DE X. DUTEIS, RUE GALAUP.

M.DCCC.LXXII.

PUBLICATIONS DU MÊME AUTEUR.

Preuves que Th. A. Kempis n'a pas composé l'Imitation de N.-S.-J.-C., 1862, in-8°.

Mémoire sur le sac de Béziers dans la guerre des Albigeois et sur le mot : Tuez-les tous, attribué au légat du Pape Innocent III, 1862, in-8°.

Quelques pages inédites de Blaise de Monluc, 1863, in-8°.

Notes pour servir à la Biographie de Mascaron, évêque d'Agen, écrites par lui-même, 1863, in-8°.

Douze Lettres inédites de Jean-Louis Guez de Balzac, 1863, in-8°.

Quelques notes sur Jean Guiton, le maire de la Rochelle, 1863, in-8°.

Observations sur l'Histoire d'Eléonore de Guyenne, 1864, gr. in-8°.

Louis de Foix et la Tour de Cordouan, 1864, gr. in-8°.

Lettres inédites de Bertrand d'Echaud, évêque de Bayonne, 1864, g. in-8°.

De la question de l'emplacement d'Uxellodunum, 1865, gr. in-8°.

Lettres inédites de François de Noailles, évêque de Dax, 1865, gr. in-8°.

Vies des Poëtes gascons, par GUILLAUME COLLETET, 1866, gr. in-8°.

De la Fondation de la Société des Bibliophiles de Guyenne, 1866, g. in-8°.

Essai sur la vie et les ouvrages de Florimond de Raymond, conseiller au parlement de Bordeaux, 1867, in-8°.

La Reprise de la Floride, par Dominique de Gourgue, 1867, in-8°.

Inventaire des Meubles du château de Nérac en 1598, 1867, in-8°.

Vies des Poëtes agenais, par GUILLAUME COLLETET, 1868, in-8°.

Notes et documents inédits pour servir à la biographie de Jean de Monluc, évêque de Valence, 1868, gr. in-8°.

Histoire de la commune de Hautesvignes, 1869, gr. in-8°.

Notice sur le Prieuré de Sainte-Livrade, 1869, gr. in-8°.

Mémoires des choses passées en Guyenne (1621-1622), *par* BERTRAND DE VIGNOLLES (tome 1er de la *Collection Méridionale*), 1869, in-8°.

Vie de Guy du Faur de Pibrac, par GUILLAUME COLLETET, 1871, gr. in-8°.

Un grand homme oublié : Le président de Ranconnet, 1871, gr. in-8°.

Relation inédite de l'arrestation des Princes (18 Janvier 1650), écrite par le comte de Cominges, 1871, gr. in-8°.

Première partie des Sonnets exotériques de GÉRARD-MARIE IMBERT, (tome II de la *Collection Méridionale*), 1872, in-8°.

Des récents Travaux sur Massillon, 1872, gr. in-8°.

Relation inédite de la défense de Dunkerque (1651-1652), par le MARÉCHAL D'ESTRADES, (tome III de la *Collection Méridionale*), 1872, in-8°.

Lettres inédites du cardinal d'Ossat, 1872, gr. in-8°.

A Monsieur Léopold Delisle
hommage très respectueux et très sympathique
Ph. Tamizey de Larroque

PRÉFECTURE DE LOT-ET-GARONNE.

MONOGRAPHIES HISTORIQUES

Publiées sous les Auspices du Conseil Général de Lot-et-Garonne.

NOTICE

SUR

LA VILLE DE MARMANDE

PAR

M. PHILIPPE TAMIZEY DE LARROQUE.

VILLENEUVE-SUR-LOT,

IMPRIMERIE DE X. DUTEIS, RUE GALAUP.

M.DCCC.LXXII.

NOTICE

SUR LA

VILLE DE MARMANDE.

Bernard de Labenazie raconte ainsi l'origine de Marmande (1) : « Cette ville, qui tient un rang considérable dans l'Agenois, et qui dispute après Agen le rang sur Villeneuve, commença par un chasteau basti vers le dixième siècle, comme le reste des chasteaux (2). Elle devint ensuite un fort considérable, qui dominait sur Garonne et sur le grand chemin. Ce chasteau devint, comme le reste des chasteaux, la retraite des voleurs publics. Il n'eut pas le sort de beaucoup d'autres, d'estre démoli par les communautez voisines; mais il fut augmenté d'une petite ville en forme de citadelle bastie en croix, avec quatre portes se répondant l'une à l'autre. C'est maintenant ce qu'on appelle le *Canton*. Les portes sont encore visibles : une vers les Corde-

(1) *Histoire de la ville d'Agen et pays d'Agenois*, t. I, p. 210. Ce manuscrit, rédigé dans les premières années du XVIIIe siècle (l'auteur mourut le 26 Avril 1724), m'a été très-obligeamment communiqué par M. Benjamin Martinelli, auquel j'offre ici l'expression de toute ma reconnaissance.

(2) On a prétendu que la ville de Marmande avait été bâtie sur l'emplacement d'un *Castrum* romain *(sic)*, lequel aurait été détruit par les Sarrazins en 726. Ce sont là des hypothèses trop vaines pour qu'on leur fasse l'honneur de les discuter.

liers, l'autre vers les Ursulines, l'autre vers la rivière et la quatrième auprès de l'Eglise. Cette ville reçut un coustumier de Richard, duc d'Aquitaine, vers la fin du XIIe siècle... (1) »

Le manuscrit original de ce coutumier était déjà perdu en 1341, année où Guillaume de Flavacourt, archevêque d'Auch, et Pierre de la Palu, chevalier, seigneur de Varambon, sénéchal de Toulouse et d'Albi, tous les deux alors gouverneurs et lieutenants du roi en Languedoc, confirmèrent, en les modifiant un peu, les coutumes octroyées à la naissante ville de Marmande, en 1182, par Richard-Cœur-de-Lion. Les Archives nationales possèdent (Trésor des Chartes, reg. LXXII, n° 216) cette nouvelle édition des coutumes de Marmande, mais incomplète, comme l'indique le titre même du document : *Littera pro majori parte in ydiomate lingue occitane ubi continentur plura privilegia, et certe consuetudines et libertates pro villa de Marmanda, senescallie Agennensis, que quidem littera non est hic perfecta* (2).

---

(1) Labenazie s'abstient de rechercher l'étymologie du nom de Marmande, et il faut lui savoir gré de sa prudence, surtout quand on voit combien ceux qui ont été moins discrets que lui ont erré à cette occasion, qu'ils aient eu recours à la langue des Celtes ou à celle des Normands. Je rappellerai qu'une petite rivière qui prend sa source près de Sérilly (Allier) et va se jeter dans le Cher, près de St-Amant-Mont-Rond, porte le même nom, ce qui rend bien plaisante cette assertion de la *Guienne historique et monumentale*, que Marmande signifie homme de mer, et, par extension, ville fondée par des gens de mer. Ce nom se retrouve encore ailleurs, et je me souviens d'avoir lu dans les *Mémoires de la Société des Antiquaires de l'Ouest* (1854, p. 129) une notice sur le château et les seigneurs de Marmande (Vienne), par M. d'Argenson.

(2) Voici les premières lignes de ce document : Philippus Dei gratia Francorum rex notum facimus universis presentibus et futuris, nos vidisse et diligenter inspexisse quoddam publicum instrumentum in duodecim cartis seu membranis pergameni conjunctis seu conglutinatis scriptum super confirmatione concessione et reformatione consuetudinum, libertatum, seu privilegiorum ville de Marmanda senescallie Agennensi confectum et sigillis dilectorum et fidelium consiliariorum Guillelmi Auxitanensis Archiepiscopi et Petri de Palude militis tunc gubernatorum et locumtenentium nostrorum in partibus Occitanie, in fine et etiam in singulis juncturis seu conglutinationibus predictis sigillatum et roboratum cujus instrumenti tenor sequitur in hec verba :

Ferrum de terra tollitur cum manu pugnabili et oculo pervigili simul junctis per regentes provincias indemnitati subjectorum divina invocata clementia et ejusdem infuso auxilio providetur. Idcirco nos Guillelmus miseratione divina Archiepiscopus Auxitanensis et Petrus de Palude miles dominus Varambonis Senescallus Tholose et Albiensis, consiliarii capitanei et locatenentes domini

J'ai trouvé à la bibliothèque nationale, dans la collection Baluze dite *des Armoires* (tome 25, p. 100-180), une traduction du texte provençal des coutumes redonnées à la ville de Marmande au milieu du XIVe siècle; j'en analyserai les principales dispositions, après avoir reproduit le préambule:

« Au nom de la saincte et individue trinité saichent tous présens et advenir, que noble sieur Richart, par la grâce de Dieu, comte de Poitiers et duc de Guienne, filz de noble sieur Henry, roy d'Engleterre (1), establit la ville de Marmande en l'evesché d'Agennoiz sur le fluve de Garonne et au conseil de sages gens et de nobles hommes voleut et octroya que les hommes et les gens qui y viendroient demurer eussent de luy entre eux franchises, uzages et entretenement et costumes par lesquelles eux et tous leurs successeurs gouvernassent et sont tenuz de gouverner tout le peuble habitant en la dite ville. »

Et tout d'abord il établit et ordonna que lui et tous ses successeurs seraient tenus, à leur première entrée dans la ville, de jurer sur les Saints-Evangiles qu'ils seraient bons et loyaux seigneurs à l'université des habitants de la ville, et qu'ils défendraient de tout leur pouvoir les hommes et les femmes de cette ville présens et à venir, et garderaient leurs franchises et coutumes sans les altérer jamais...(2)

Ce serment prêté, tous les hommes, à partir de l'âge de douze ans, jureront que, tant qu'ils demeureront en la ville, ils seront bons et loyaux bourgeois, qu'ils préserveront de tout

---

nostri Francie Regis in Occitanie partibus destinati, audita humili et devota supplicatione consulum cohabitatorum ville Marmande senescallie Agennensis contineate quod cum tempore fundationis eorum ville memorate certe libertates, franchisie, privilegia et consuetudines per hunc dominum ville predicte habitatoribus ejusdem date fuissent in perpetuum et concesse, quorum originalia amiserant propter quod frequentius jurgia, questiones et propter plures litigios anfractus, propter ipsarum consuetudinum et privilegiorum dubietates inter dictos habitatores contigebant et alique consuetudines per non usum in dissuetudinem habierunt et alique per abutantes corrupte et alique per gravem usum habolite fuerunt propter quod nobis supplicarunt quod ipsis et toti eorum reipublicæ et bono regimini perpetuo valituro benigne presentes consuetudines libertates, franchisie et privilegia confirmare, reformare et in melius emendare dignaremus, etc.

(1) Richard-Cœur-de-Lion avait reçu le duché d'Aquitaine en partage, lors du traité de Montmirail (6 janvier 1169).

(2) « Et outre ce, lesdits sieurs capitaines et lieutenans ez parties de Languedoc adjoustèrent en ce chapitre que, quand le seigneur viendra premièrement en ladite ville de Marmande, il sera tenu de jurer et non plus tost. »

dommage, autant que possible, la vie, les membres et les enfants du seigneur, et qu'ils maintiendront et l'aideront à maintenir ses droits en toutes choses.

Quand le seigneur établira son sénéchal en Agenais, le sénéchal, à sa première venue dans la ville, devra jurer aux consuls et prud'hommes d'être un bon et loyal sénéchal et gouverneur pour toute la communauté.

A leur tour, les consuls prêteront entre les mains du sénéchal, serment d'obéissance et de fidélité.

Mêmes réciproques obligations de serment, lors de l'installation du bailli en la ville... (1)

Comme le dit lieu de Marmande, étant nouveau, a besoin d'être peuplé et agrandi, les hommes, de quelque endroit qu'ils soient venus pour y habiter, seront bénignement accueillis par les gens du seigneur et par ceux de la ville, et si le nouveau venu veut être reçu bourgeois, qu'il soit désormais sauf en sa personne et en ses biens.

Quand un homme sera reçu bourgeois, que le bailli ou son lieutenant assiste à sa réception, et que le candidat jure sur le grand-autel d'être bon et loyal bourgeois, et de maintenir et garder les droits du seigneur et ceux de la ville.

Le nouveau bourgeois doit donner un denier (monnaie arnaudine) (2) à l'autel sur lequel il aura juré et douze deniers au bailli du seigneur. Il sera un an et un mois franc et quitte de tout impôt, et, ce délai passé, il payera sa part des taxes auxquelles sont assujettis les autres habitants.

« Et volleut et octroia ledit seigneur et donna en mandement que ladite ville fut édifiée et fondée en la sainte foi catholique de Rome, et que sainte Eglise eut tous les droits et devoirs en la dite ville aux vifs et aux morts et partout. Establit et ordonna en premier lieu que aucun sodomite (3) ne habitast jamais en la

---

(1) Un savant magistrat a donc eu tort de dire : « Les bailes ou baillis ne commencèrent à paraître en Agenais qu'au commencement du treizième siècle. L'acte le plus ancien où il en soit fait mention est une transaction de 1208, passée à Agen en présence du bailli du roi et du bailli de l'évêque. » (*Coutumes de Larroque-Timbaud*, publiées par M. A. Moullié, conseiller à la Cour d'Appel d'Agen, 1835, p. 30).

(2) La monnaie arnaudine était inférieure d'un cinquième à la monnaie tournoise.

(3) Le texte provençal des Archives nationales offre le mot *heretges*. On sait que les hérétiques qui reçurent le nom d'Albigeois furent accusés de désordres infâmes. Hérétique, sodomite et bougre (de *Bulgarus*, habitant de la Bulgarie), devinrent synonymes.

dite ville, et que aucun des habitants d'icelle ne l'y tinst et ne l'y cellast, et s'y le faisoit, qu'il fut à la mercy du seigneur. »

A l'honneur de Dieu et de notre Dame, les dimanches et fêtes seront célébrés et gardés selon le commandement du prêtre.

Un port est établi, c'est-à-dire, le passage du travers de l'eau. Le bailli doit y avoir sa nef et y tenir des pontonniers pour y faire passer les hommes, les animaux et les choses. Les droits de passage sont ainsi déterminés: homme à pied, une maille; homme à cheval, un denier (monnaie arnaudine) (1); chaque paire de pourceaux, moutons, brebis et chèvres, une maille; un bœuf, une vache, un âne, une ânesse, une maille; une forte bête de somme chargée, deux deniers; un âne ou une ânesse chargés, un denier.

Si un homme de la ville transporte d'un bord de la rivière à l'autre : homme, femme, bête ou marchandise, il doit prendre le même droit que le pontonnier et le lui rendre le même jour; si non, il payera une amende de cinq sous, et le droit du passage sera doublé pour lui.

Les hommes de la ville pourront tenir un bâteau et un pontonnier à leurs gages et pourront transporter dans ce bâteau, sans aucun payement, tous leurs concitoyens, et aussi les pauvres mendiants.

Si un étranger voulant traverser la rivière ne trouve pas le bâteau du seigneur, il peut être transporté de l'autre côté par un homme de la ville pour un prix convenu entre eux, le droit de pontonnage du seigneur étant toujours réservé.

Le pontonnier du seigneur peut prendre son droit de pontonnage dans ou hors le bâteau, à son gré et il peut exiger un gage de celui qui ne le payerait pas. Si quelqu'un s'éloigne sans payer, il devra une amende de cinq sous et le droit de pontonnage double.

Si celui qui passe offre assez pour le payement et que le pontonnier demande davantage et refuse de prendre ce qui lui est présenté, l'étranger peut s'en aller sans aucune peine ni amende.

Si on trouve non le pontonnier mais le bâteau prêt, on peut passer sans amende. Mais si, après avoir passé, on rencontre le pontonnier, on doit donner le droit de pontonnage, et si on ne le rencontre, on doit le remettre à quelque bourgeois de la ville pour qu'il le rende au dit pontonnier, et si aucun bourgeois ne veut le prendre, on est tenu de le laisser sur le bout du bâteau,

(1) Comme il n'est question en ces coutumes que de cette monnaie, je m'abstiendrai désormais de la désigner. On sait que la maille valait la moitié d'un denier.

si non, cinq sous d'argent d'amende et double droit de pontonnage.

Comme il n'est aisé de trouver homme sage et discret pontonnier « et que audit port passeront plusieurs prud'hommes, marchands et autres gens de bien, » s'il y a discussion entre le pontonnier et l'homme ou femme étrangers, l'étranger sera cru en son serment.

Si l'étranger venait de nuit sur le port de la ville et n'y rencontrait le pontonnier, et qu'il passât sans l'appeler et sans lui porter le pontonnage ou le laisser à un autre homme de la ville, il payera soixante-cinq sous d'amende et double droit de pontonnage.

Si le pontonnier prend quelque salaire d'un homme de la ville pour lui faire traverser la rivière, il sera mis à l'amende par le bailli. Si le plaignant n'a pas de témoins, le pontonnier sera cru dans sa négation sous serment... (1)

Le seigneur et ses successeurs auront deux moulins sur la rivière de Garonne qui moudront loyalement à raison d'une poignerée sur douze... (2)

Tout homme et toute femme de la ville, pourra construire et posséder moulin sur la rivière de Garonne, lequel moudra aussi pour la douzième poignerée bien et loyalement, et s'il y avait plainte, vérification sera faite. Si la plainte est fondée, le maître du moulin rendra au plaignant le double de ce qu'il aura perdu, et payera cinq sous d'amende, et chaque moulin qui sera établi sur la dite rivière en la ville, payera au seigneur de la ville une poignerée de froment, chaque semaine, pendant que les moulins moudront.

Les maîtres de ces moulins devront faire bâtir une maison sur le rivage pour y peser le blé et la farine.

Quiconque viendra moudre aux moulins de la ville sera sauf et assuré en allant et en revenant jusqu'à sa demeure en temps de paix et en temps de guerre, à moins qu'il n'ait occis homme ou femme de la ville, ou dérobé, ou qu'il ne fut débiteur ou caution de la ville, ou qu'il n'eut commis quelque excès personnel contre le seigneur ou contre quelque habitant de Marmande, ou qu'il n'eut autrement forfait pour quoi que ce fût.

---

(1) En outre, lesdits sieurs capitaines et lieutenants établirent et ordonnèrent à ce présent article que les habitants de ladite ville seront tenus de payer pour chaque feu, chaque année, à la fête de Noël, un denier au pontonnier du seigneur.

(2) La poignerée dont on se servait à Marmande, avant l'adoption des nouvelles mesures de capacité, contenait quarante-deux litres.

Sur les bancs à boucherie, où seront vendus les poissons et la viande, le seigneur aura un denier pour chaque pourceau et pour chaque truie, ainsi qu'une jambe depuis le pied jusqu'à la première jointure ; il aura et prendra une livre de viande de chaque bœuf et de chaque vache; si le saumon est vendu en détail, il en aura l'extrémité depuis la queue jusqu'à la nageoire la plus rapprochée; si le saumon est vendu en gros, le seigneur ne doit rien en avoir; de chaque charge de cheval d'aloses (*collacs*), il en aura une; de chaque charge d'homme d'aloses, il aura un denier.

Défense de vendre viande de cochon pour viande de truie et *vice versa*, sous peine de cinq sous d'amende (dont profitera le seigneur), et de confiscation de la marchandise, sans autre forme de procès.

Défense de vendre, ni aux bancs ni en la rue, viande de bouc ou de chèvre ou d'autres animaux morts de maladie, sous les mêmes peines.

Défense de vendre viande provenant d'un animal ladre, soit fraîche, soit salée, aux bancs de la dite ville ; si non, amende de soixante-cinq sous pour le seigneur et restitution au plaignant de la somme payée par lui. Toutefois cette viande pourra être vendue en dehors des portes de la ville, pourvu que celui qui la vendra avertisse les acheteurs ; si non, amende susdite. Entre l'acheteur niant et le vendeur affirmant qu'avertissement préalable a été donné, le vendeur doit être cru en son serment.

Quiconque achèterait des oiseaux ou autres comestibles à des lèpreux et les revendrait, si la chose était prouvée par témoignage de prud'hommes de la ville, serait à la merci du seigneur.

Chaque habitant de la ville pourra tuer ou faire tuer son bétail pour le manger frais ou salé, sans que le seigneur puisse rien prendre. L'on pourra aussi vendre aux bancs ou autres lieux les agneaux, brebis, chevreaux, lièvres, oiseaux et toute autre venaison sans rien payer au seigneur.

Il y aura, chaque semaine, en la ville un jour de marché qui sera le mardi (1). Quiconque viendra au marché pour vendre ou acheter, devra être sauf en allant et retournant jusqu'à sa maison, à moins d'avoir tué quelque habitant de la ville, ou d'être le débiteur de la communauté, ou d'avoir commis un cri-

---

(1) Le marché se tient maintenant le samedi. Il y avait un autre marché le vendredi, comme nous l'apprend cet article : Et outre ce, donnèrent et octroyèrent lesdits sieurs capitaines et lieutenants aux habitants de ladite ville, qu'ils puissent faire et obtenir un autre marché en ladite ville chaque jour de vendredi, ainsi qu'ils ont accoustumé.

me capital envers le seigneur ou envers quelque bourgeois de Marmande.

Sur chaque poignerée de blé portée au marché par homme étranger et vendue, il sera payé un denier pour la vente (monnaie ordinaire) et un denier d'argent pour la sortie. Si l'étranger vend à un homme de la ville, le seigneur aura un denier de l'étranger, et n'aura rien du bourgeois.

Les jours de foire (2) ou de marché, il sera payé pour chaque cheval seize deniers à celui qui vendra et autant à celui qui achètera, si tous les deux sont étrangers. Rien ne sera demandé aux habitants de la ville.

Pour chaque roussin, jument, mule, mulet, la taxe sera de huit deniers; pour chaque âne ou chaque ânesse, de quatre deniers; pour chaque bœuf ou chaque vache, d'un denier; pour chaque porc et chaque truie, aussi d'un denier. Quant aux moutons, boucs, agneaux et brebis, on ne payera qu'une maille par paire.

Le seigneur aura une botte d'aulx et d'oignons sur chaque charge qui en sera portée à Marmande.

Pour le cuir de bœuf, de vache, de cheval, de jument, de roussin, de mulet, de mule, d'âne, d'ânesse, de *cerf* et de *biche* (remarquons la présence de ces bêtes fauves dans les environs de Marmande, alors couverts de forêts), si le prix de vente dépasse douze deniers, le seigneur aura un denier du vendeur et un de l'acheteur, dans le cas où tous les deux seraient étrangers. L'habitant de la ville ne devra rien.

Pour drap de lin et de laine, la charge de cheval rapportera au seigneur dix deniers, la charge d'âne, cinq deniers, la charge d'homme, un denier.

Il en sera de même pour le cuivre, l'étain, le fer et l'acier non ouvrés. Le cuivre, l'étain, le fer, l'acier qui seront ouvrés, ainsi que la poix, le suif, le parchemin, le fromage de brebis, le poisson salé (hormis les anguilles), ne supporteront aucune taxe.

Pour le sel, la charge de cheval coûtera un denier de péage, et la charge d'âne, une maille.

Pour les écuelles de bois, deux écuelles seront prélevées sur

(2) Et establirent et baillèrent en costume, lesdits sieurs capitaines et lieutenants ès parties du Languedoc, que la foire fût en ladite ville et qu'elle commençat le jour de Saint-Thomas l'apostre devant Noël (21 décembre) et qu'elle durât dix jours, et que tout homme qui y viendrait fût sauf et assuré, lui et ses biens. Et, outre ce, establirent sur chaque paire de souliers achetée en la foire une maille, à moins que l'acheteur ne les emportât chaussés hors de la ville, et sur chaque pièce de drap de plus d'une coudée un denier de sortie.

chaque charge de cheval et une écuelle seulement sera prélevée sur chaque charge d'âne. Pour toutes ces choses, le seigneur exempte de tout péage tout homme et toute femme de Marmande. Les marchandises non vendues ne seront frappées d'aucun droit pourvu qu'on les rapporte au lieu même d'où elles avaient été apportées.

Tout juif passant par la ville doit dix deniers de péage s'il passe par eau, et quatre deniers s'il passe par terre. Pour toute juive enceinte ces prix seront doublés (1).

Il y aura, chaque année, quatre prud'hommes consuls ou plus, selon l'augmentation de la ville, par lesquels tout le peuple sera gouverné, tous les droits du seigneur étant sauvegardés. Ces consuls seront renouvelés chaque année, ils doivent jurer sur les Saints-Evangiles qu'ils seront bons, droits et loyaux en leurs offices au seigneur et à l'université de la ville, et que ni pour ami, ni pour ennemi, ni pour don, ni pour promesse, ils ne feront perdre les droits du seigneur ou ceux des habitants de la ville, mais qu'ils se comporteront bien et loyalement tant envers le pauvre qu'envers le riche, tant envers l'ami qu'envers l'ennemi, selon les fors, coutumes et franchises de la ville.

Quand le prince de la terre ou son sénéchal mandera sa cour, tous les consuls ou une partie d'entr'eux selon le mandement du seigneur, y doivent aller au nom et aux frais de la ville, et quand le prince de la terre ou son sénéchal convoquera son armée, les consuls seront tenus d'y aller et feront garder la ville et aussi les chevaux et autres choses communes, le tout aux dépens de la ville.

Si autour de la ville il y a quelque mauvais passage, les consuls doivent le faire réparer aux dépens de la ville.

De même pour les fossés, les portes, les murailles de la ville. Si le produit des amendes n'est pas suffisant pour solder les dépenses obligatoires, les consuls pourront établir à cet effet une imposition spéciale avec le consentement des jurats.

Les consuls garderont les sceaux, chartes, coutumes et priviléges de la ville et scelleront loyalement leurs lettres avec les sceaux de la communauté.

Les consuls connaîtront, s'ils le veulent, des causes criminelles de concert avec le bailli du seigneur.

---

(1) En l'année même où cette marque de haine contre les juifs était introduite dans les coutumes de Marmande, ces malheureux étaient dépouillés et bannis par un édit de Philippe-Auguste. Quelques années plus tard, le prince qui avait octroyé les présentes coutumes étant devenu roi d'Angleterre, laissa tranquillement massacrer les juifs à Londres (1189).

Les consuls peuvent choisir un crieur public tel qu'il le faudra qui sera présenté au seigneur et devra obtenir de lui l'autorisation de crier. Sur chaque proclamation faite pour le compte d'autrui, il aura un denier, et à Noël il recevra de chaque maison de la ville et des environs un denier, et il sera, de plus, exempt de toutes taxes et impositions municipales... (1)

Les consuls ont le droit d'établir des gardiens pour préserver les blés et les vignes des dommages que pourraient causer les bestiaux. Ces gardiens doivent répondre aux consuls des amendes qu'ils prendront.

Les consuls manderont le guet, et tout homme qui manquera à l'appel payera un sou, dont huit deniers appartiendront à la ville pour la réparation des ponts et des chemins, et quatre deniers à celui qui l'aura mandé (2).

Les consuls doivent garder les étalons des mesures de la ville tant pour le blé et pour le vin que pour autres choses.

Quand les consuls auront été un an en charge, et auront élu d'autres consuls, ils s'assembleront avec leurs successeurs pour leur rendre bon et fidèle compte de leur administration.

Ceux qui ont été consuls ne peuvent le redevenir que trois ans après. L'élection, faite avant ce terme, serait sans valeur.

Tout homme qui sera consul devra s'occuper loyalement et de tout son pouvoir des affaires de la ville. Toutes les fois que, pour ces affaires, il ira hors de Marmande, ce sera aux dépens de la ville qu'il voyagera lui et son cheval. On l'indemnisera des frais de nourriture du cheval, et aussi des frais du louage de l'animal. En tout autre cas, les fonctions consulaires seront complètement gratuites.

Les biens des habitants de la ville ne peuvent être confisqués au profit du seigneur, que pour un seul motif, l'assassinat manifeste.

Le vol commis de plein jour sera puni d'une amende de cinq sous, si l'objet volé vaut moins de douze deniers, d'une amende de dix sous, si cet objet vaut douze deniers, et d'une amende de soixante-cinq sous, si cet objet vaut plus de douze deniers.

On payera cinq sous d'amende, si l'on se sert de mesures non marquées du poinçon des consuls.

On payera soixante-cinq sous d'amende si l'on fait faux poids.

Les vins de la ville qui seront vendus en tavernes ne doivent pas

(1) Ce crieur convoquait aussi les prud'hommes de la part des consuls. C'était notre appariteur actuel.

(2) G. de Flavacourt et Pierre de la Palu ajoutèrent : Les consuls pourront, à leur gré, augmenter ou diminuer la peine.

être mêlés d'eau, si non, ils seront confisqués et le délinquant payera soixante-cinq sous d'amende.

Défense d'acheter, pour le revendre, du poisson pris dans les eaux qui appartiennent à la juridiction, sous peine de cinq sous d'amende et de confiscation du poisson.

Si un homme et une femme de la ville sont pris en adultère (il faut pour cela que l'homme soit trouvé sur la femme, ou couché nu avec la femme nue, ou que, du moins, un des deux coupables soit nu), ils doivent courir par la ville tous deux entièrement nus et liés sans que le seigneur puisse exiger la moindre amende. Si l'un des coupables vient à s'échapper, la poursuite du crime doit être abandonnée... (1)

Le viol sera puni selon les formes et coutumes générales de la cité d'Agen... (2)

Ne peuvent être saisis pour dettes et amendes, ni les draps de lit, ni la vaisselle avec laquelle on prépare le manger, ni les outils à l'aide desquels les artisans gagnent leur vie, ni la farine, ni le vin en perce dont on boit tous les jours, ni le blé que l'on apporte au moulin.

Le vol de nuit sera puni selon la coutume générale de l'Agenais (3). Il en sera de même pour le meurtrier (4) et pour l'incendiaire.

Le voleur, déjà essorillé, devra être pendu.

Le faux témoin aura la langue percée avec un crochet et restera tout un jour attaché au pilori. Le soir, on lui ôtera le crochet et on le détachera de l'échelle. Il aura, en outre, à payer une amende de soixante-cinq sous.

---

(1) Le texte des coutumes, dans le registre LXXII du *Trésor des Chartes*, s'arrête brusquement ici.

(2) C'est-à-dire d'une amende et de dommages-intérêts. — Ailleurs on était plus sévère. En Quercy, par exemple, dans certains cas, le coupable était puni par où il avait péché. (*Coutumes de Cahors*, *Coutumes de Gourdon*. Le même châtiment est infligé au viol dans les *Assises de Jérusalem*.) A Auch, le coupable était décapité ou pendu, *capite puniatur vel suspendatur*.

(3) Confiscation des biens au profit du seigneur, et si le vol est de plus de vingt sous, supplice de la marque. Voir *Coutumes d'Agen* publiées par M. A. Moullié, ch. XV.

(4) Le meurtrier vivant était enterré sous le cadavre de sa victime dans tout l'Agenais : à Agen, à Tonneins, à Gontaud, à Larroque-Timbaud, à Puymirol, etc., comme à Bordeaux, à Gourdon, à Vic-en-Bigorre, à Bagnères-de-Bigorre, à Morlaas, c'est-à-dire comme dans tout le sud-ouest de la France.

Aucun homme de la ville ne sera contraint de combattre contre un autre, si tous les deux ne le veulent. Le combat décidé, si une réconciliation survient, le seigneur aura soixante-cinq sous d'amende et les armes seront confisquées, ainsi que le cheval, si le duel devait avoir lieu à cheval. Si celui qui a provoqué est vaincu, il doit soixante-cinq sous d'amende, plus le cheval.

Quand il y a duel, le seigneur doit garder le camp aux combattants, « bien et gentiment. »

En 1208, Raymond VI, comte de Toulouse, et son fils qui, sous le nom de Raymond VII, devait être le dernier comte de Toulouse, donnèrent, pour le salut de leurs enfants et pour leur propre salut, aux religieux et à la maison de Grandmont de Garrigue, deux cents sous de monnaie arnaudine devant être pris tous les ans sur le revenu de Marmande, à titre d'aumône perpétuelle; ils prescrivent à tous leurs baillis et principalement à ceux qui tiennent la dite ville de Marmande, de faire en sorte que cette somme soit payée aux dits religieux sans le moindre obstacle (1). (*Layettes du Trésor des Chartes* publiées par M. A. Teulet, t. I, 1863, p. 329.)

Ce fut en cette même année que l'assassinat du légat Pierre de Castelnau donna le signal de la croisade contre Raymond VI et contre les Albigeois. Marmande n'eut d'abord rien à souffrir de cette terrible guerre, pendant que deux villes voisines, Tonneins et Gontaud, étaient la première proie des Croisés (1209) (2).

Le 4 février 1210, le pape Innocent III écrivit à l'archevêque de Bordeaux et aux doyens de Saint-André et de Saint-Seurin que, le comte de Toulouse étant en sa présence (3), l'évêque

---

(1) C'était Jeanne d'Angleterre, fille de Henri II et d'Eléonore de Guienne, sœur de Richard-Cœur-de-Lion et veuve de Guillaume II, roi de Sicile, qui avait apporté l'Agenais en dot à Raymond VI (1196).

(2) Cette prise de Tonneins n'a pas été mentionnée par M. L. F. Lagarde dans ses *Recherches historiques sur la ville et les anciennes baronnies de Tonneins* (Agen, 1833). Le vénérable magistrat avait préparé le manuscrit d'une nouvelle histoire de Tonneins beaucoup plus développée. Il serait bien désirable que le public jouît d'un ouvrage que M. Lagarde n'a guère cessé d'améliorer jusqu'à sa mort. Son fils, à tous égards si digne de lui, pourrait facilement publier le précieux manuscrit qu'il a entre les mains, en le complétant à l'aide des plus récents travaux. J'offrirais avec joie à un tel éditeur quelques notes et quelques documents çà et là recueillis. Il me semble que ce serait rendre un reconnaissant hommage à la mémoire d'un vieil ami qui, dès mes plus jeunes années, m'a prodigué les meilleurs conseils et les plus doux encouragements.

(3) Raymond VI alla à Rome en janvier 1210 pour se justifier auprès du pape.

d'Agen s'était plaint de ce que le dit comte et la comtesse avaient établi à Marmande, à Villefranche, et en plusieurs autres lieux du diocèse, de nouveaux droits sur le passage en ces divers lieux, et il leur recommanda de le frapper des censures ecclésiastiques, si, ce qu'il ne pouvait croire, le comte ne renonçait pas, malgré ses promesses, et en violation des décrets du concile de Latran, aux extorsions qui lui avaient été reprochées (*Epistolarum Innocentii* III, *lib.* XII, *ep.* 171, p. 534 du tome XIX du *Recueil des historiens de France*) (1).

Durant le siége de Penne, dit dom Vaissète (*Histoire Générale du Languedoc*, édition du Mège, t. v, p. 191), Simon de Montfort détacha Robert de Mauvoisin (2), pour prendre possession

(1) Voir (p. 534) une autre lettre d'Innocent III aux mêmes prélats (du 2 février 1210), au sujet de certaines concessions faites autrefois par Raymond VI à des églises de l'Agenais, et qu'il ne pourrait retirer sans tomber sous le coup des censures ecclésiastiques. On trouvera (p. 533 du même volume) une claire explication de ce qu'il faut entendre par le mot hérétiques, dans une importante lettre du pape (23 janvier 1210) à Guillaume, évêque d'Agen (Guillaume de Rovignan, appelé plus souvent Arnaud). Enfin signalons (*ibidem*) une lettre du même pape à l'évêque de Bazas (Gaillard de la Mothe) et à d'autres dignitaires ecclésiastiques, écrite sur les plaintes de l'évêque d'Agen (28 janvier 1210), contre les fauteurs des hérétiques qui se cachent dans l'Agenais, lettre exigeant que les biens ravis aux églises par ces hommes soient restitués sans délai.

(2) Robert de Mauvoisin, ou plutôt de Mauvesin, était un des personnages les plus considérables de l'armée de Montfort. Voir sur lui *Petri Vallium Sarnai monachi historia Albigensium*, dans le tome XIX du *Recueil des Historiens de France*, pp. 27, 32, 57, 58, 60, 65. Le bon moine en retrace ce pompeux éloge (p. 27, à l'année 1209) : « En ce temps survint Robert Mauvesin, qui avait été envoyé à Rome par le comte (de Montfort), très-noble chevalier du Christ, homme d'une probité admirable, d'une science parfaite, d'une incomparable bonté, qui depuis plusieurs années avait exposé sa vie et sa fortune pour le service du Christ, et surtout était un des plus ardents et des plus puissants soutiens de l'entreprise; car, après Dieu, c'est par lui plus que par aucun autre que refleurit la milice du Christ. » C'est ce même Robert de Mauvesin qui, *avec son incomparable bonté*, ne voulut pas que l'on épargnât (à Minerve, en 1210) les hérétiques qui se convertiraient : « Résistant en face à l'abbé (Arnaud Amalric, abbé de Citeaux), il assura que les nôtres (les croisés) ne supporteraient aucunement cela (le pardon proposé aux vaincus). Mais l'abbé lui répondit : Ne craignez rien, car je crois que bien peu se convertiront. » L'abbé avait raison, aucun d'eux ne faiblit, et ils furent tous brûlés (p. 32). En 1211, Robert amena des renforts de France (p. 57). Robert, en un mot, est pour Pierre de Vaulx-

en son nom de Marmande sur la Garonne, (1) qui était du domaine direct du comte de Toulouse (juin et juillet 1212). Robert fut reçu favorablement des bourgeois qui lui remirent la ville, mais la garnison se retira dans le château, et se mit en état de défense. Robert ayant fait dresser un mangonneau (2), il n'eut pas plus tôt commencé à le faire jouer, que cette forteresse se soumit (3). Simon récompensa les services de ce chevalier par la donation qu'il lui fit, le 17 de juillet 1212 au siége de Penne, des biens qui avaient appartenu à Guillaume de Durfort : Robert les donna au monastère de Prouille. »

Marmande ne tarda pas à retourner sous l'obéissance du comte de Toulouse. Simon de Montfort vint assiéger cette ville (1214) : il la trouva fortifiée contre lui. Un chevalier qui était chambellan du roi d'Angleterre y avait introduit quelques soldats pour la défendre, et avait arboré son drapeau au sommet d'une tour ; mais, à la première attaque des croisés, les habitants prirent la fuite, et s'embarquèrent en toute hâte sur la Garonne pour se réfugier à la Réole, ville qui appartenait à Jean-Sans-Terre. Les soldats qui avaient été chargés de la défense de Marmande se retirèrent dans le château. Les Croisés, se précipitant dans la ville, pillèrent toutes les maisons. Montfort laissa la vie sauve à la garnison. On donna ensuite au vainqueur le conseil de ne point détruire entièrement la ville, qui était assez importante et située d'ailleurs à la limite de ses possessions, mais de fortifier au contraire la citadelle (*turrim majorem*), les autres tours et une

---

Cernay le véritable héros de la Croisade : « Hic est enim de cujus præcipue circumspecta providentia saluberrimo que consilio pendebat comes, immo totum negotium Jesu-Christi (p. 65). »

(1) Pierre de Vaulx-Cernay appelle Marmande une ville très-noble, *quamdam villam valde nobilem nomine Marmandam (Ibid.* p. 65).

(2) Instrument à l'aide duquel on lançait au loin des pierres de la grosseur du poing à peu près. Voir, à ce sujet, de décisives observations dans le tome II des *Etudes sur le passé et l'avenir de l'Artillerie*, par Louis Napoléon Bonaparte, pp. 45 et suiv.

(3) Dom Vaissète a quelque peu abrégé le récit de Pierre de Vaulx-Cernay : Il ne nous dit pas que quand Robert reçut l'ordre d'aller se saisir de Marmande, il était gravement malade, et que, pour ne pas décliner une telle mission, il eut soin de cacher le misérable état de sa santé. Le chroniqueur ajoute qu'après avoir reçu la soumission de Marmande, Robert passa un certain nombre de jours dans cette ville.

partie des murailles devant être démolies. Ces choses accomplies, le comte de Montfort revint à Agen pour aller de là mettre le siége devant Casseneuil (Pierre de Vaulx-Cernay, p. 96).

La ville de Marmande, prise par Robert de Mauvesin, reprise par Simon de Montfort, restait toujours fidèle, en définitive, à la cause des comtes de Toulouse : aussi ouvrit-elle avec empressement ses portes au jeune fils de Raymond VI, après la mort du chef des Croisés (25 juin 1218), et vit-elle bientôt Amaury de Montfort, le fils et successeur de Simon, se préparer à lui faire expier sa nouvelle rébellion.

Ici je vais citer quelques fragments du *Poème de la croisade contre les hérétiques albigeois*, publié et traduit par M. Fauriel dans la *Collection des documents inédits sur l'Histoire de France* (1837) :

« Le vaillant jeune comte parcourt ses terres pour les recevoir et y être reconnu, pour occuper Condom, Marmande et Clairac, pour attaquer, prendre et tenir Aiguillon, confondre, occire et détruire les Français (p. 592).

» Et le comte Amaury s'en est allé en Agenois, ayant en sa compagnie force clercs et chevaliers, des Croisés et des Français. Avec lui y allèrent le seigneur Abbé à qui appartient Rocamadour, ainsi que ceux du Quercy et de Clermont, ainsi que don Amanieu de Lebret, du lignage d'Armagnac, puissant, vigoureux, gentil, des plus nobles du Bazadois, seigneur de Saissy (Seyches?) (1). Avec les hommes du pays et beaucoup d'autres, le comte Amaury a campé devant Marmande. De quoi se serait-il bien repenti, si le roi n'y était venu (2), car la ville était gardée par Centule d'Astarac, un comte puissant, jeune, hardi, et bien

---

(1) Amanieu IV d'Albret, sur lequel on peut consulter l'*Art de vérifier les dates*, 1784, tome II, p. 261. — Dom Vaissète cite encore parmi les défenseurs de Marmande Guiraud de Samathan et Guillaume Arnaud de Tantalon. C'est l'*Histoire de la Guerre des Albigeois*, écrite en languedocien, par un ancien auteur anonyme connu sous le titre d'historien du comte de Toulouse, qui met au nombre des capitaines des assiégés « ung valen homme apelat Guiraut de Sametan. (*Recueil des Historiens de France*, t. XIX, p. 185). Le nom de Guillaume Arnaud de Tantalon, changé par quelque copiste maladroit en celui de Tartalcer, nous a été conservé par Guillaume de Puy-Laurent (*Ibidem*, p. 214).

(2) Le roi, c'est-à-dire le futur roi de France Louis VIII. En 1219, le fils de Philippe-Auguste n'était encore que Louis-le-Lion. — Dom Vaissète assure, d'après Guillaume-le-Breton, que dans l'armée de Louis se trouvaient une vingtaine d'évêques, trente-trois comtes et plus de six cents chevaliers.

appris (1), Amanieu le preux, le vaillant Audefroy, don Arnaud Blanchefort (mieux Blanquefort), Vezian de Lomagne, Amanieu de Boclon (mieux Bouglon) (2), don Gaston, don Sifroy et don Guillaume Amanieu, tous les deux de Pampelune. Les barons de la ville, les servants, le peuple, les damoiseaux, les archers, ont occupé les murs, les fossés et les tours. Le comte Amaury les a si fortement assaillis, que par terre et par eau la bataille s'est étendue. Mais ceux de la ville se sont si bien défendus, et ont dedans et dehors donné et reçu tant de coups que du sang et de la chair et des membres dru parsemés il est resté abondante pâture aux oiseaux et aux chiens. Mais laissons là ce siége dur et périlleux... (p. 604).

« .... Au siége de Marmande est venu un messager annonçant que le preux jeune comte a battu les Français... (3) Le comte Amaury en a eu si grand dépit que, par terre et par eau, il a fortement pressé les assiégés. (4) Mais les hommes de la ville se sont de telle sorte défendus que, hors des murs, dans la prairie, il y a eu bataille continue, et les combattants ont, de part et d'autre, reçu tant de coups, que dedans et dehors sont restés morts étendus maints corps d'hommes et de chevaux. Les assiégés se sont montrés si braves et de si ferme courage qu'ils ont, nuit et jour, bataillé (5). Mais en peu d'instants leur détresse est

(1) Ce Centule d'Astarac s'était distingué à la journée de Las Navas de Tolosa, où les rois d'Aragon, de Navarre et de Castille écrasèrent (juillet 1212) l'armée de Mohammed-el-Naser. Il fut un des plus vaillants lieutenants de Simon de Montfort, auprès duquel il se trouvait devant l'imprenable place de Lourdes; il abandonna la cause des Croisés aussitôt que le grand capitaine eut été tué.

(2) Voir sur ce personnage l'excellente notice de M. Jules Delpit, sur la ville et les seigneurs de Bouglon, dans la *Guienne historique et monumentale*, 2me partie, p. 5 *et seq.*

(3) A la bataille de Baziége, le jeune Raymond et le comte de Foix remportèrent une éclatante victoire sur les Français commandés par Foucault de Brezi. A cette bataille se signala par sa bravoure le sénéchal d'Agen, Hugues d'Alfar. Voir sur cet intrépide guerrier le *Poème de la Croisade contre les Hérétiques Albigeois (passim)* et surtout dans les pages relatives au siége de Penne, au siége de Toulouse et à la bataille de Muret.

(4) Es cujat morir de tot de dolor, dit l'auteur de la chronique en prose provençale (p. 187).

(5) La victoire resta indécise pendant plusieurs jours, d'après la chronique en prose provençale, et l'on ne put savoir *qui avia d'el melhor. (Ibidem.)*

à tel point montée que le désastre n'en sera jamais réparé. L'évêque de Saintes arrive, amenant la croisade ; don Guillaume des Roches, le sénéchal redouté, conduit les compagnies de guerre qui viennent avec leurs équipages et leurs bagages. De tous côtés à la ronde, tout le long du chemin battu, sont dressés des cabanes, des tentes, des pavillons, et des navires sont çà et là épars sur toute la rivière... Le fils du roi de France arrive ayant à sa suite vingt-cinq mille hommes armés d'écus, et de nobles cavaliers il en a dix mille. De ceux qui sont à pied, le compte en est perdu... Dans le premier combat livré (depuis l'arrivée du prince), les fossés et les lices ont été enlevés et pris aux assiégés ; leurs ponts et leurs barrières ont été renversés et brisés. Après le combat, le parlement s'est assemblé, et ceux de Marmande se tiennent pour sauvés, car volontairement et par convention publique, le comte Centule et les autres se sont rendus au roi (1). Dans la tente royale les prélats de l'Eglise se sont présentés au roi aux côtés duquel sont assis les barons de France. Il s'appuie sur un coussin de soie, jouant avec son gant droit tout cousu d'or... L'évêque de Saintes, qui est de grande prudence (2), déclare (je résume son discours), que le roi s'est avancé pour soutenir l'Eglise, et que l'Eglise lui commande de livrer au comte Amaury le comte d'Astarac qui vient de se rendre à lui, afin qu'il le brûle ou le pende, et afin aussi qu'il lui livre la ville pleine d'hérétiques reconnus sur lesquels doivent descendre le glaive et la mort. (3) Le comte de Saint-Paul (Gui de Chatillon) s'écria : Par Dieu, Monseigneur l'évêque, vous ne serez pas cru. Si le roi rendait le comte pour le faire périr, la noblesse de France en serait à jamais honnie (4). Le comte de Bretagne (5)

(1) D'après la chronique en prose, les habitants de Marmande se rendirent au prince Louis, sans condition, à *sa merci se son botats* (p. 187). Ils avaient d'abord essayé de se réserver la vie et les bagues sauves; mais on ne voulut les recevoir qu'à discrétion.

(2) Cet évêque s'appelait Ponce II. Il siégea de 1216 à 1221. On ne sait sur lui que ce que nous en apprennent la Chanson de la Croisade et la Chronique, qui en est la traduction libre en prose.

(3) Voici la version de la chronique en prose : Senhor, ieu soy d'avis que tot incontinen vos fassas morir et brular tot aquestas gens, coma iretges et fementits.

(4) « Senhor evesque, vos parlas mal à propaus... Seria França reprochada et diffamada (*Ibidem*).

(5) Pierre de Dreux, surnommé Mauclerc. Les historiens du temps en disent beaucoup de mal. Ils auraient dû louer, du moins, sa conduite en ces circonstances.

appuie le comte de Saint-Paul. L'évêque de Béziers (1), au contraire, appuie l'évêque de Saintes. Le roi dit : Que l'église fasse ce qu'elle voudra de ces accusés ! (2) Mais sur le champ lui répond l'archevêque d'Auch : (3) si le droit est respecté, le comte et les siens ne seront point trahis ni mis à mort. L'église doit accueillir le pécheur soumis, afin que l'âme ne soit point perdue (4). Guillaume des Roches parle dans le même sens. « Ainsi le comte a été retenu sauf avec quatre autres seigneurs. Cependant un tumulte, des cris s'élèvent. Les Français courent dans la ville avec leurs armes tranchantes, et là commencent des massacres, une terrible boucherie (5). Les barons, les dames et les petits enfants, les hommes, les femmes dépouillés et nus sont au fil des glaives émoulus passés et taillés de sorte que la chair, les cervelles, les poitrines, les membres, les corps par moitié tranchés ou fendus, les foies, les cœurs arrachés et déchirés, sont au milieu des places épars comme s'il en avait plu, et du sang qui a été versé la terre et le marais sont restés vermeils. Il n'est échappé ni homme, ni femme, ni jeune, ni vieux, ni créature quelconque à moins qu'elle ne soit cachée : La ville est détruite et le feu y est mis. Après cela, peu de temps se passe jusqu'au jour où le roi se met en marche pour venir à Toulouse (6). (p. 621 et suivantes).

J'emprunterai à une série d'articles intitulés : *De Quelques erreurs de l'Histoire de France* de M. Henri Martin, publiés par

---

(1) Raymond II le Noir (1215-1242).

(2) *Ieu no soy pas assis per far tort à la gleysa* (chronique en prose).

(3) C'était Garcias III de L'Ort (de Horto) qui avait été d'abord abbé de Saint-Pé de Generès, puis évêque de Comminges. Il fut transféré à Auch vers 1215. On ignore l'année de la mort de ce prélat, qui fut inhumé dans l'abbaye de la Sauve-Majeure ; mais on sait que son successeur, Amanieu I de Grisinhac (né à Rions sur la Garonne), fut transféré de Tarbes à Auch en 1226.

(4) *Cascun a lausat fort son dire* (chronique en prose). Le fils du roi lui répond que son conseil sera suivi, et que le capitaine et ses gens n'auront point de mal. Ce fut sur cette réponse, ajoute l'écrivain anonyme, que les gens du comte Amaury se répandirent dans la ville.

(5) « *S'en son anats dins la villa, et tant que an trobat d'homes et de femas, tot ho l'an mes à la mort, que grand pietat era de [illegible] veser so que an faict dins ledit Marmanda.* »

(6) Le prince arriva devant cette ville le 17 juin 1219.

moi, en 1863, dans les *Annales de Philosophie Chrétienne*, les observations suivantes :

« M. Henri Martin, racontant à sa manière l'histoire de la guerre des Albigeois, dit au sujet du massacre des habitants de la ville de Marmande en 1219 (tome IV, p. 108) : La multitude des Croisés, *excitée par les prêtres et les moines*, se rua de toutes parts dans la ville, et fit une horrible boucherie de la population entière. Ce fut la répétition des scènes de Béziers, etc. » Où M. H. Martin a-t-il puisé le droit de prétendre que la multitude des Croisés, en massacrant les habitants de Marmande, obéit aux excitations des prêtres et des moines? Est-ce dans *l'Histoire générale du Languedoc?* Non, car dom Vaissète dit seulement : Les troupes d'Amaury de Monfort entrèrent dans Marmande, et firent main basse sur tous les habitants qu'elles purent rencontrer, au nombre de cinq mille tant hommes que femmes ou enfants (1), action barbare qui irrita extrêmement Louis (2). » Est-ce dans les Chroniques du XIIIe et du XIVe siècle ? Non, car ces chroniques ne nous apprennent rien de plus que ce qui a été résumé par dom Vaissète dans le passage cité. Ni *l'Histoire de la Croisade contre les Hérétiques Albigeois* écrite en vers provençaux, ni *l'Histoire des faicts d'armes et guerres de Toulouse*, ne font intervenir en cette sanglante occasion les prêtres et les moines. Quant à Guillaume de Puy-Laurent, il ne parle même pas du massacre (3), et, comme la chronique de Pierre de Vaulx-

(1) Le nombre de cinq mille, qui n'est donné par aucune chronique, et que dom Vaissète a pris je ne sais où, me paraît dans tous les cas très-exagéré. La commune de Marmande, d'après le dénombrement de 1866, possède 8,500 habitants. Pouvait-il y avoir 5,000 habitants dans une ville fondée depuis moins de quarante ans? Je regrette bien que dom Vaissète ne nous ait pas fait connaître la source où il avait puisé son indication.

(2) *Dont lo dit filh del Rey ne foue grandamen corrossat et mal content, quand ho a saubut, et aisso contra lo dit N. Amalric : et d'el grand corros que n'a agut s'es partit, et dreit à Tolosa a pris son camp an totas sas gens.* » (Chronique en prose.)

(3) Au contraire, il semble affirmer que tous les assiégés *(obsessi)* furent emmenés à Puy-Laurent, pour y être échangés contre les prisonniers faits par les ennemis (p. 214). L'auteur de la chronique en prose provençale n'est pas d'accord avec Guillaume : il prétend que le prince Louis laissa aller le comte d'Astarac et ses compagnons là où il leur plut d'aller. Dom Vaissète croit que ce fut seulement la garnison de Marmande qui fut prisonnière de guerre, et que l'on échangea contre les Français qui avaient été pris à la bataille de Baziége.

Cernay s'arrête à l'an 1218, il ne reste plus qu'un seul chroniqueur pour attester que la population de Marmande fut égorgée par les soldats de Montfort : Je dis un seul chroniqueur, parce que *l'Histoire des faicts d'armes et guerres de Toulouse* n'est, comme je l'ai constaté ailleurs (1), que la copie modifiée du poème du pseudo-Guillaume de Tudèle (2), et, par conséquent, n'a point de valeur propre. M. H. Martin est donc inexcusable d'avoir écrit la perfide phrase incidente dans laquelle il montre les prêtres et les moines animant les Croisés au carnage, et ce n'est pas seulement au nom de l'histoire, c'est encore au nom de la morale, que l'on doit lui demander compte d'un aussi étrange procédé. »

Il est probable qu'il faut voir une poétique exagération dans les vers du continuateur de l'œuvre de Guillaume de Tudela sur la destruction complète de la ville de Marmande par les soldats d'Amaury de Montfort (3). Quoi qu'il en soit, nous retrouvons, cinq ans après, mention de l'existence de cette ville dans une charte recueillie par M. Champollion-Figeac. (*Documents historiques inédits tirés des collections manuscrites de la bibliothèque royale et des archives ou bibliothèques des départements*, 1841, t. I, p. 502), charte par laquelle une association est établie entre la commune d'Agen et les communes de Condom, de Mézin, du Mas, de Marmande et du Port-Sainte-Marie (15 décembre 1224) (4). Ces diverses communes s'engagent à venir,

---

(1) *Mémoire sur le sac de Béziers dans la guerre des Albigeois et sur le mot « Tuez-les tous » attribué au légat du pape Innocent III*, Paris, 1862, pp. 7 et 9. Mon mémoire a été reproduit, revu et un peu augmenté, dans la *Revue des questions historiques*, 1re livraison, 1866.

(2) Depuis que ces lignes ont été écrites, M. Paul Meyer a parfaitement prouvé, contre l'opinion de Fauriel, soutenue par MM. Villemain et Jos-Victor Le Clerc, que Guillaume de Tudela a bien réellement composé la première moitié du poème, et que l'autre moitié, à partir de 1213, est l'œuvre d'un anonyme appartenant à un camp opposé (*Recherches sur les auteurs de la Chanson de la Croisade Albigeoise*, t. I de la VIe série de la *Bibliothèque de l'Ecole des Chartes*, 1865).

(3) Quand Labenazie (t. I, p. 194) prétend que la ville de Marmande fut rebâtie par Alphonse, comte de Toulouse et de Poitiers, environ l'an 1252, il veut dire sans doute qu'alors surtout cette ville prit de considérables développements. La très-habile et très-libérale administration du frère de Saint-Louis valut, on le sait, à nos contrées une merveilleuse prospérité.

(4) Le document, écrit en provençal, provient des archives de l'hôtel-de-ville d'Agen.

toutes les fois qu'il le faudra, au secours les unes des autres. Les consuls de Marmande qui au nom de leurs concitoyens, contribuèrent à la formation de cette ligue défensive, furent W. de la Roed, Landren de Garmegus, B. de Barsag, S. Cerbad, A. W. de Bestausag, S. Picota, W. Aubanel.

M. Teulet (*Layettes du Trésor des chartes*, tome II, 1866) rapporte (p. 227 et 228) des lettres de Raymond, comte de Toulouse, du 18 novembre 1231, par lesquelles il donne à l'abbaye de Citeaux quinze mille livres tournois sur le péage de Marmande avec les minutieuses garanties que voici... « Et ut melius et securius super hoc sit eidem domui cautum, obligamus predicto Abbati et domui Cistercii memorate redditus nostros quos habemus in villa de Marmanda, in camino aque, tali modo ut, post festum instans omnium Sanctorum, idem abbas vel domus Cistercii ponat ibi duos monachos vel conversos, vel unum si voluerit, qui erunt ibi sumptibusnostris, donec de preditis ducentis marcis vel quingentis libris Turonensium singulis annis plenam habuerint solutionem. Et nos, vel aliquis nomine nostro, non accipiemus apud villam Marmandein camino aque aliquid quousque ducente marche argenti, ut dic-tum est, annis singulis sint solute. »

En Décembre 1239, une nouvelle association fut établie entre la commune d'Agen et les communes de Condom, de Mézin, du Mas, de Marmande, du Port-Sainte-Marie et de Penne (*Ibidem*, p. 504) (2). Cette fois les consuls de chacune des villes contractantes ne sont point nommés.

Au mois d'Avril 1240, les communes d'Agen, de Marmande, de Moissac, d'Auvillars, de Castel-Sarrazin, de Montauban, du Mas-d'Agenais, du Port-Sainte-Marie et de Penne, garantirent le payement d'une somme de mille marcs d'argent empruntée par le comte de Toulouse au riche négociant bordelais Gaillard Columb (Fr. Michel, *Histoire du commerce et de la navigation à Bordeaux*, t. I, 1867, p. 88, d'après une reconnaissance des archives de la ville d'Agen, HH.).

---

(2) Cette pièce est écrite en provençal et est tirée aussi des archives municipales d'Agen. M. J. Noulens (*Documents historiques sur la maison de Galard*, Paris, 1871, in-4°, t. I, p. 225) mentionne, sous la date du 8 janvier 1239, un accord signé entre les consuls de Marmande et ceux de Moissac et semblable à celui qui avait été signé, en avril 1225, entre les consuls d'Agen et ceux de Moissac. Les habitants de Marmande ne pouvaient être pignorés, marqués ou arrêtés dans Moissac, à moins que ce ne fût pour dettes et cautionnement. Les mêmes immunités étaient reconnues à ceux de Moissac sur le territoire de Marmande.

Dans une charte de la ville de Marmande, du 28 Mars 1243, conservée aux archives nationales (J. 306, n° 77) se déroulent non seulement les noms des huit consuls, mais encore ceux de deux cent quarante bourgeois. Je crois devoir reproduire intégralement et dans sa latinité si facile à traduire le document inédit par lequel les uns et les autres s'engagèrent à aider l'Eglise dans sa lutte contre les hérétiques, et à faire en sorte que le traité de paix, conclu entre Saint Louis et le comte de Toulouse, fut observé par ce dernier :

Noverint universi quod nos consules de Marmanda, videlicet ego Guillelmus de Larqued, et ego Petrus de Baissag, et ego Guillelmus Petrus, et ego Guillelmus de Lendervad, et ego Petrus de Sancto Nicolao, et ego Petrus Vidalis, et ego Raimondus Mercer, et ego Johannes de Faia, et nos alii probi homines ejusdem ville, videlicet :

Constantinus, Vitalis Bon, Gacion de las Bolbeas, Guillelmus de Baleira, Bernardus de Niolas, Gacia Vasco, Raimondus Descarabad, Gacia de Barris, Elias Ardid, Guillelmus de Paradias, Stefanus Sutor, Martinus Aiengin, Arnaldus Joculator, Raimondus de Gants, Guillelmus Austorg, Guillelmus de Ponte, Bernardus Ardid, Raimondus de Picon, Vitalis Dartigas, Petrus Escola, Elias Faber, Gyraldus Textor, Guillelmus Danhos, Guillelmus de Fita, Petrus de Ponte, Ugonis Draper, Arnaldus Gairj, Arnaldus de Villanova, Johannus de Aqualata, Sancius del Falgar, Petrus Rusticus, Vitalis Rusticus, Petrus del Boges, Raimondus Boves, Ilias Quicaud, Giraldus Faber, Guillelmus de Poiols, Gilbertus de Gordon, Doatus de Ardan, Raimondus Franc, Gacias Sutor, Gacias de Faia, Guillelmus Dels, Geraldus de Laia, Petrus de la Tailhada, Petrus de Peiragorg, Vitalis de Sora, Bernardus Topier, Raimondus de Tailhada, Vitalis Johan, Domingon, Raimondus Pard, Arnaldus Gran, Giraldus Petrus, Petrus Moncerius, Arnaldus de Ausberg, Bernardus de Pontz, Arnaldus Saliner, Arnaldus Dels Elmes, Arnaldus consanguineus ejus, Petrus Duran, Arnaldus Faber, Raimondus de Castilhon, Bernardus de Castilhon, Stephanus Deltorti, Raymondus filius ejus, Geraldus de Somonsag, Arnaldus de Bidossa, Willelmus Raimondus de Landenad, Guillelmus de Ardan, Gacia Rotbertus, Petrus Faber, Vitalis Faber, Raimondus Scriptor, Vitalis de Gorand, Vitalis de Ejma, Vitalis del Torn, Petrus de Roca, Vitalis Vasco, Raimondus Pastel, Arnaldus de Fonte, Bernardus Gairj, Vitalis de Roca, Raimondus de Castro-Mauro, Arnaldus de Bertulh, Vitalis de Vasconia, Jaufre, Raimondus de Casa Sola, Ugo Ardoy, Petrus de Sancj, Raimondus Guillelmus de Vasconia, Guillelmus de Poioli, Johannes Scriptor, Guillelmus de Carcassonna, Geraldus Ebrard, Guillelmus de Donzag, Vitalis Goneron, Guillelmus Alban, Arnaldus de Fonte, Arnaldus Gacia de Lendenad, Arnaldus de Galaub, Gacia Picota, Petrus Badia, Petrus Baganal, Bernardus Boilhac, Raimondus de Mezole, Arnaldus de Estadia, Domingo, Vitalis Mas, Stephanus de Baillag, Arnaldus Aranhia, Senhor Bruet, Stephanus Bruet, Vitalis de Giestars, Bonj Molendinarius, Peiralha, Bernardus Arabi, Andreus de Garinea, Guillelmus Faber, Petrus Aldoy, Guillelmus de Garderas, Ilias Mostet, Vitalis de Faurga, Vitalis de Suburbio, Arnaldus de Larjval, Arnaldus Guillelmus Mascol, Thomas, Johannes Louangre, Guillelmus Donj, Bernardus Neted, Petrus Dinaujeu, Vitalis Dagudol, Petrus de Garinca, Arnaldus Raimondus, Geraldus de Vubila, Gacias de Nubila, Vitalis Farau, Petrus Vasco, Raimondus Vasco, Petrus Arnaldus, Guillelmus Duran, Raimondus Ardid, Geraldus de Sancto-Sipriano, Petrus de Villanova et filii ejus, Raimondus Gauffre, Arnaldus de Bonhags; Grimoardus, Vitalis de Hasadz, Guillelmus Pelaporc, Vitalis de Porta, Syrvent, Guillemus Vasco, Petrus Blanc, Raimondus Canel, Vitalis Textor, Villelmus de Tonnees, Arnaldus Faber, Raimondus de Baissag, Bernardus de Baissag, Johannes de Baissag, Guillelmus Bertrandus, Geraldus de Gondon, Fortis Vitalis, Raimondus Augerius, Petrus de Nubila, Arnaldus de Barrau, Arnaldus Gaudil, Amalvinus de Suburbio, Vitalis Bon, Vitalis Coldrer, Vitalis Guitard, Gacia Bon, Ilias de Tabula, Raimondus Vasco, Martinus de Barraira, Vitalis Bruet, Sancius Bruet, Vitalis de Neirag, Raimondus Delprat, Vitalis Blay, Vitalis Laum, Bartholomeus Fabert, Gacia de Brailencs, Petrus Faber, Arnaldus Burcat, Guillelmus de Tolsan, Petrus Olier, Petrus Faber Magister, Arnaldus de Letras, Bernardus de Loberag, Ilias Anca, Guillelmus Sans, Guillelmus Dengas, Bergoinh, Guillelmus de Meloza, Arnaldus Morlan, Arnaldus de Broa, Guillelmus Morlier, Johannes Daolaeda, Fortis de Villars, Fortis de Meloze, Vitalis Rex, Vitalis Dels Camps, Petrus de Mozengo, Bernardus de Moleira, Vitalis Arazol, Petrus de Vidailhan, Petrus de la Torr, Gacia de Glaired, Raymondus Faber, Galcelinus, Guillelmus de Baiona, Pinot, Petrus de Faoilhed, Petrus Dartinh, Petrus de Mota, Vitalis de Faoilhed, Guillelmus Arnaldus de Sancta-Cruce, Doad Dels Maentz, Petrus Faber, Guillelmus Raimondus Pic, Vitalis de Bell, Petrus Delluc, Stephanus Bruet, Petrus de Caumont, Arnaldus Guillelmus de Pomers, Geraldus de Las Vinhhas, Gacia Pic et Gacia Lambrot, Arnaldus Andreu, Guillelmus Cogot, Geraldus Bouet.

Et tota universitas ejusdem ville a xv annis et supra de voluntate et mandato speciali domini nostri Raimundi, Dei gratia comitis Tolose, Marchionis provincie, promitimus bona fide domino Ludovico Dei gratia regi Francie, et tactis sacrosanctis Evangeliis manibus propriis juramus quod si comes Tholose vel alius nobiscum habuerit consilium de pace facta Parisiis (1), consulemus eis quod eam servent et nos servabimus eam quantum ad nos pertinet posse nostro, et dabimus operam efficacem quod Comes Tholose servet eam, et si comes Tholose veniret contra nos adherebimus Ecclesie et domino regi Francie contra ipsum, nisi infra XL dies postquam monitus fuerit hoc emendaverit, vel juri steterit coram ecclesia de hiis que ad ecclesiam pertinent, et juri coram domino rege Francie, de hiis quæ ad dominum Regem pertinent. Promittimus etiam et juramus quod nos juvabimus ecclesiam contra hereticos, credentes, receptatores hereticorum et omnes alios qui ecclesiæ contrarii existent occasione Heresis vel contemptus excommunicationis in terra ista, et dominum regem Francie juvabimus omnes. Et quod eis faciemus magnam guerram donec ad mandatum ecclesiæ et domini regis Francie revertantur. Et si comes Tholose moveret guerram

---

(1) Le comte de Toulouse avait promis par le traité de Lorris (janvier 1243) de faire jurer à tous ses vassaux, depuis l'âge de quinze ans, l'observation du traité de Paris et la persécution des hérétiques. Ces serments furent faits, dans le mois de mars 1243, en même temps qu'à Marmande, à Toulouse, à Lavaur, à Montauban, à Agen, à Condom, à Castel-Sarrazin, à Penne, à Castelnaudary, etc. (*Vie de Saint-Louis*, par Le Nain de Tillemont, publiée pour la Société de l'Histoire de France, t. II, p, 483). Tillemont ne nomme pas les commissaires chargés par le roi de recevoir ces serments : Jean Le Clerc et Oudard de Villars furent, à cet effet, envoyés dans l'Agenais (*Histoire générale du Languedoc*). M. Teulet (*Layettes du Trésor des Chartes*, t. II, p. 532), mentionne ainsi l'acte du serment des consuls de Marmande : « 1243-44. Samedi 26 mars. — Juramentum consulum de Marmanda, videlicet, Guillelmi de la Rived, Petri de Baissag, Guillelmi Petri, Guillelmi de Lenderuad, Petri de Sancto-Nicolao, Petri Vidalis, Raimund. Mercer et Johannis de Fara, proborum que hominum de Marmanda, nec non universitatis ejusdem villæ a quindecim annis et supra, de pace parisiensi fideliter servanda. « In cujus rei testimonium, nos predicti consules et homines de Marmanda, universi et singuli, presentem paginam sigillo nostro communitatis seu universitatis nostre sigillamus. Actum est anno domini M° CC° XL° tercio, sabbato post Annunciationem beate Marie, mensiis marcii. » Nous avons lu différemment, M. Teulet et moi, deux de ces noms (*Larqued* ou *La Rived*, *Faia* ou *Fara*). Lequel de nous s'est trompé ? Je suppose sans la moindre hésitation que c'est moi. Le *W de La Roed* et le *B de Barsag*, de M. Champollion-Figeac, ne sont peut-être d'autres que *G* (*Guillelmus* ou *Willelmus*) *de Larqued* ou *de La Rived* et que P. *de Baissag*.

domino regi Francie, vel heredibus ejusdem, quod absit, adheremus domino regi Francie et heredibus ejus contra eumdem comitem Tholose.

In cujus rei testimonium nos prœdicti consules et homines de Marmanda universi et singuli presentem paginam sigillo nostro communitatis seu universitatis nostre sigillamus (1). Actum est anno domini M° CC° XL° tertio sabbato post annunciationem beate Marie mensis marcii.

Raymond VII ayant voulu construire une forteresse sur les hauteurs de Puymirol, l'évêque d'Agen (Pierre de Reims), d'accord avec son chapitre, lui céda le 26 Septembre 1246 (2) tous les droits qu'il possédait sur cet emplacement, moyennant cinq cents livres assignées sur le péage de Marmande (Bibliothèque nationale, collection Bréquigny, t. x, p. 78). (3)

En 1253, Henri III ayant emprunté 1100 marcs sterling d'un marchand de Gaillac, et pris l'engagement de le rembourser en deux termes, constitua pour caution Robert Walerand et lui fit prêter serment sur son âme royale. En cas de non-paiement, deux fidéjusseurs devaient se rendre en ôtage à Marmande et garder les arrêts dans la ville, à la volonté du créancier, jusqu'à complète satisfaction (Fr. Michel, *Histoire du commerce et de la navigation à Bordeaux*, t. i, p. 65, d'après *Pat. Litt. fact in Vascon.* 37, Henry III, membr. 4).

Labenazie, citant les *Annales des Frères Mineurs*, nous dit (t. ii, p. 341) que le couvent des Cordeliers de Marmande fut

(1) C'est ce sceau qui a été reproduit dans une des plus belles publications entreprises aux Archives nationales, la *Collection de Sceaux*, par M. Douet d'Arcq (in-4°, t. ii, n° 5,570). Voici la description donnée par M. Douet d'Arcq : « Sceau rond, de 65 millimètres. Quatre châteaux ou portes de ville couchés en croix et réunis par leurs bases. *Sigillum consilii de Marmande*, Revers. — La croix de Toulouse. La légende remplacée par un cordon d'arabesques. »

(2) M. de Saint-Amans (*Histoire ancienne et moderne du département de Lot-et-Garonne*, t. i) met ceci en 1245.

(3) Tillemont (*Vie de Saint-Louis*, t. ii, p. 89) nous apprend que l'abbé de Citeaux, après la mort de Raymond VII (arrivée en 1249), écrivit à Alphonse de Poitiers, son gendre et son successeur, pour lui demander le reste de deux mille marcs d'argent dus à son monastère, déclarant que Raymond avait affecté les revenus de Marmande au paiement de cette somme. On trouve dans le Trésor des Chartes (j. 311) une obligation d'Alphonse à l'abbé de Citeaux (novembre 1251), pour le paiement de seize cents marcs à prendre sur lesdits revenus.

bâti l'an 1265. Labenazie ajoute qu'en 1367 le pape concéda diverses indulgences aux couvents de Cordeliers d'Agen, de Condom, de Marmande et de Nérac (1).

Le 13 Juin 1269, l'évêque d'Agen (Pierre Jerlandi) déclara que l'exemption du péage de Marmande, à lui accordée sa vie durant par le comte de Toulouse, ne pourrait préjudicier audit comte. Voici sa déclaration (Collection Bréquigny, t. XI, p. 183) :

« Universis presentes literas inspecturis. P. miseratione divina episcopus Agennensis salutem in Domino. — Noveritis quod cum illustris vir dominus Alfonsus, comes Pictavensis et Tholose nobis graciose duxerit concedendum ne de rebus nostris apud Marmandam transeuntibus pedagium, quamdiu vixerimus, solvere teneamus nos licet constanter asseruerimus et publice fuerimus protestati quod ad prestationem hujus pedagii non tenebamur nec consuetudine nec de jure; nolumus tamen quod ista gratia, si gratia dici possit, eidem domino comiti vel ejus successoribus neque nobis nec successoribus nostris possit in posterum prejudicium gravare. In cujus rei testimonium sigillum nostrum presentibus litteris duximus apponendum. Datum idus junii anno domini M° CC° sexagesimo nono. »

On voit à la page 484 du tome XXI du *Recueil des Historiens de France (Philippi tertii mansiones et itinera)* qu'au mois de mai de l'an 1272, le fils de Saint-Louis, se rendant à Agen, et de là dans la capitale du Languedoc, s'arrêta quelque temps à Marmande. Philippe le Hardi signa dans cette ville un acte relatif au port d'Aigues-Mortes (2).

A la date du 16 juin 1281, le *Catalogue des rolles gascons, normans et français conservés dans les archives de la tour de Londres* (2 vol. in f°, Londres, 1742, t. I, p. 13), indique un document par lequel le roi d'Angleterre accorde à l'abbesse et aux

---

(1) L'Eglise des Cordeliers existait encore dans les premières années de ce siècle. C'est sur l'emplacement de cette église qu'ont été élevés le palais de justice et l'hôtel de ville.

(2) Jeanne, comtesse de Toulouse, avait disposé de l'Agenais, par son testament, en faveur de Philippe de Lomagne (1270). Philippe le Hardi réunit cette petite province à la couronne après la mort de la princesse de Lomagne (1272). En vertu du traité de paix d'Amiens (23 mai 1279), il céda l'Agenais à Edouard Ier, fils et successeur de Henri III. Au mois d'août de cette année, les consuls de Marmande prêtèrent serment de fidélité, entre les mains des commissaires de leur nouveau roi, dans le cloître des Frères prêcheurs d'Agen, avec les consuls de plusieurs autres villes et avec la plupart des seigneurs de l'Agenais.

religieuses de Condom vingt livres de rente à percevoir sur les revenus du port de Marmande.

Le 16 Juin 1282, Edouard Ier chargea Jean de Grailly, sénéchal de Gascogne et d'Agenais, de livrer jusqu'à nouvel ordre le château de Marmande à Étienne de La Fite, receveur des revenus royaux en Agenais, qui avait demandé un lieu sûr où il put garder les chartes, lettres et instruments qui lui étaient confiés. (Collection Bréquigny, t. XIII, p. 230).

Le *Catalogue des rolles gascons* nous apprend (t. I, p. 14) que, dans les premiers jours de mars 1283 (1), le roi d'Angleterre ordonna que l'on payât à l'abbesse et au monastère de Fontevrauld les arrérages de certaines rentes accordées par les rois, ses prédécesseurs, à ce monastère sur les péages et coutumes de Marmande (2).

A la même époque, Edouard Ier se trouvant à Monflanquin, écrivit au sénéchal Jean de Grailly de mettre les religieuses du Paravis en possession de la jouissance de la moitié de la pêcherie de Marmande, qui leur avait été concédée par Jeanne, comtesse de Toulouse (3).

La publication de Thomas Carte, faite, ne l'oublions pas, « par zèle pour le service de la nation française *(préface)*, résume ainsi (p. 17) un document du 6 Juin 1284 : (4) *De foresta de*

---

(1) 1282 selon le catalogue. C'est probablement là une faute d'impression.

(2) Voir la pièce ici résumée dans les *Lettres des rois, reines et autres personnages des cours de France et d'Angleterre depuis Louis VII jusqu'à Henri IV*, tirées des archives de Londres, par Bréquigny et publiées par M. Champollion-Figeac, t. I, 1839, p. 313.

(3) *Lettres des rois, reines*, etc., t. I, p. 313. M. Champollion-Figeac s'est plaisamment demandé s'il ne s'agissait pas là du couvent de Paranquet : « Peut-être faut-il lire Paranqueto. » On sait que la maison du Paravis *(que est filia domus monasterii Fontis Ebraudi)* était située près du Port-Sainte-Marie, dans la commune actuelle de Saint-Laurent. Voir d'intéressantes pages sur le couvent du Paravis, dans la *Monographie historique du canton de Lavardac*, par M. J.-B. Truaut, 1851, pp. 72-77.

(4) Il est question du péage que devait acquitter à Marmande le commerce de transit, dans un acte du parlement de Paris, en date de 1284. (Boutaric, *Actes du Parlement de Paris*, t. I, p. 387). C'est à l'*appendice* contenant l'admirable *Essai de restitution d'un volume des Olim*, par M. Léopold Delisle, que l'on trouve le document dont voici les premières et les dernières lignes : « Comes Petragoricensis dicebat contra regem Anglié quod eo tempore quo Dominus rex Franciæ tenebat terram Agennensem, idem Comes erat in possessione

Joleuse prope Marmandam et alibi in Vasconia et in Agenesio. C'est sans doute le même document que celui que nous trouvons avec une date un peu différente (14 Juin 1285) dans la Collection Bréquigny (t. XIV, p. 98), et qui est intitulé : « Pouvoirs donnés à Bonnet de Saint-Quentin de construire, au nom du roi, des bastides sur la montagne *(in mota)* appelée de Mont-Brun, près de l'église de Portet *(de Porteto)*, et dans la forêt appelée de Ffoleuse *(sic)*, près de Marmande, et ailleurs dans la Gascogne et dans l'Agenais. »

Le 5 Novembre 1285, le roi d'Angleterre confia la garde du château de Marmande et de ses appartenances, jusqu'à nouvel ordre *(quamdiu nobis placuerit)* à son cher et fidèle Edmond de Joleyns; de telle sorte qu'il perçut, en qualité de gardien du château, les droits dûment établis, tels qu'avaient l'habitude de les percevoir ceux qui, avant lui, avaient rempli ces fonctions (Collection Bréquigny, t. XIV, p. 125).

La même collection renferme (t. XIII, p. 264), sous la date du 7 Février 1288, un *vidimus* des lettres de Philippe III, roi de France, qui ordonnent l'exécution de l'arrêt par lequel le roi d'Angleterre avait été condamné à continuer, comme duc d'Aquitaine, la rente de 220 livres tournois qui appartenait au comte de Périgord sur le péage de Marmande, avant que cette ville fût placée sous la domination anglaise (1).

Charles, roi de Sicile, prince de Salerne, étant tenu en prison par Alphonse, roi d'Aragon (2) le roi d'Angleterre, à la sollicitation du Pape, s'engagea à payer une partie de la rançon du captif, et invita ses sujets à l'aider dans cette bonne œuvre. Le Recueil de Rymer *(Fœdera, conventiones, littere et cujuscumque generis acta publica*, etc. t. I, de l'édition de 1745, p. 37) contient à ce sujet un document dont voici l'analyse :

« Au nom de Dieu, ainsi soit-il. Sachent tous présents et futurs qu'en la présence de moi Pierre, notaire (3) et des témoins sous-

---

vel causa habendi et percipiendi undecies vigenti libras annui redditus in pedagio Marmande terre Agennensis, et quod tempore quo terra venerat ad manum suam cessaverat in solutione dicti redditus, etc. » — « Dicta possessio debet dicto comiti restitui et reddi, et arreragia sibi reddi per dictum regem Anglie a tempore quo dicta terra devenit ad eum. »

(1) La sentence de Philippe III est du 7 février 1283.

(2) Sur les circonstances à la suite desquelles le fils de Charles d'Anjou fut fait prisonnier de guerre (5 juin 1284), voir le dramatique récit de M. Alexis de Saint-Priest : *Histoire de la Conquête de Naples*, t. IV, p. 146-156.

(3) Pierre de Basunhe, notaire de la sainte église romaine.

signés spécialement convoqués pour cela, Vital d'Artigue, lieutenant du bailli de la ville de Marmande, les consuls et l'université dudit lieu, rassemblés au lieu accoutumé, instituèrent d'un commun accord leurs procureurs, syndics, représentants, leurs chers concitoyens Pierre de Saint-Nicholas, Arnfysson, Raymond de Bernardummage et Garcie de Neuville, pour promettre, au nom et de la part de tous les habitants de la ville, et pour jurer sur leurs âmes de s'efforcer le plus possible d'aider le roi d'Angleterre à payer les diverses sommes promises au roi d'Aragon (d'abord vingt mille marcs d'argent, puis cinq cents, puis dix mille). L'acte fut passé dans le cloître des frères Mineurs de Marmande, le vendredi avant la fête de Sainte-Catherine, vierge et martyre, de l'an du Seigneur 1288. Les témoins furent Bertrand dit Pagese, Pierre Fabre, Pierre Baros, notaires publics de la présente ville, Pierre Bort, Raymond de Burgal, Pierre de Pailhers, clers, Jean dit Pasa et Pierre de Conques. (1)

Le 20 Avril 1289, Edouard Ier accorda aux sœurs mineures de Condom, pour leur monastère, une pension annuelle de vingt livres tournois sur le port de Marmande, le roi voulant que cette pension leur fût exactement payée tous les ans, sans que lesdites religieuses pussent rien demander de plus sur le même port, en vertu de quelque donation que ce fût antérieure à celle-là. (Collection Bréquigny, t. XIV, p. 307).

Les religieuses de Prouillan, près de Condom, obtinrent, le même jour, une semblable faveur *(Ibidem)*.

Le 13 Juin de cette année, le roi d'Angleterre affranchit des droits du péage de Marmande, les vins, blés et autres denrées qui appartiendraient à l'évêque d'Agen, avec cette observation que les franchises dont le prélat prétendait avoir joui,

---

(1) Mêmes procurations furent données pour le même motif par les villes de Bordeaux, de Condom, de Lectoure, etc. Divers gentils hommes gascons furent envoyés en Aragon comme ôtages, et, parmi eux, Amanieu d'Albret, Arnauld de Gironde, Ducat de Pins, Raymond de Bouglon, Arnauld de Marmande, etc. Nous voyons *(Recueil de Rymer*, p. 42) que, le 12 janvier 1289, le roi récompensa cet Arnauld de Marmande, chevalier, seigneur de Taille-Cave, du dévouement qu'il avait montré en cette occasion, par le don de tous les droits que ledit roi possédait sur les terres qui avaient appartenu à Vital du Mas, situées dans la paroisse de Saint-Martin d'Artus (diocèse de Bazas), lesquelles terres avaient été irrégulièrement achetées de ce Vital par feu Arnauld de Marmande, chevalier, père dudit Arnauld. Dans la collection Bréquigny (t. XV, p. 135), il y a des lettres d'Edouard Ier au châtelain de la Réole (Raymond Garsie de Saint-Sauveur, chevalier), pour qu'il donnât à Arnauld de Marmande l'investiture de cette terre.

ainsi que ses prédécesseurs, n'existaient pas, une enquête à cet égard ayant été faite soit d'après les vieux titres (*papiros*), soit d'après les témoignages sous serment des receveurs dudit péage et d'autres prud'hommes de Marmande, cette exemption ne devant, du reste, subsister qu'en faveur de l'évêque actuel, tant qu'il vivrait ou tant qu'il occuperait le siége d'Agen (1) (Collection Bréquigny, t. II, p. 75).

Le même jour, le roi d'Angleterre confirma le don jadis fait au monastère de Roncevaux (2) par Raymond, comte de Toulouse, de vingt livres de rente établies sur le péage de la rivière de Marmande, *super pedagium itineris aque Marmande* (*Ibidem*, p. 77).

Le 2 Novembre 1290, Edouard Ier approuva la vente faite à un personnage, qu'il appelle en ses lettres *dilectus clericus noster Iterius Bochardi*, de tout ce que les héritiers de Raymond de Fons (*heredes Remundi de Fonte*) possédaient dans Marmande ou aux environs (même collection, t. XVI, p. 41).

Le 6 Janvier 1293, le roi d'Angleterre accorda à l'évêque d'Agen (Bertrand du Got) le privilége de ne payer, sa vie durant, aucun droit pour les vins et les blés qui passeraient à Marmande (Recueil de Rymer, t. I, p. 116) (3).

En Juin et Juillet 1294, Edouard Ier écrivit (Rymer, t. I, pp. 133, 134) à diverses villes et à divers seigneurs de l'Agenais pour qu'on l'aidât à rentrer en possession de la Gascogne, qui lui avait été enlevée par trahison (*de Vasconia, per dolum abrepta, recuperanda*). Parmi les villes dont Edouard réclama l'assistance, je citerai Agen, Marmande, Montclar, Meilhan, le Port-Sainte-Marie, Puymirol, Montflanquin, Tournon, etc., et, parmi les seigneurs, Pierre de Montpezat, Bertrand de Caumont, Arnauld

---

(1) Jean Ier Jerlandi, évêque de 1282 à 1291.

(2) Sur l'abbaye de Roncevaux, je me souviens d'avoir lu d'intéressantes pages d'un Marmandais, M. le baron Paul Drouilhet de Sigalas, l'auteur de *Rome et Naples* et de *l'Art en Italie*, dans je ne sais plus quel numéro de la *Revue Contemporaine*, premières années.

(3) Voir *Rolles Gascons*, p. 37), mention de la cession faite à Guillaume Servat, marchand, de Londres, des droits que l'on avait coutume de percevoir à Marmande. M. Fr. Michel (*Histoire du commerce et de la navigation à Bordeaux*, t. I, p. 92), dit à ce sujet : « Ce personnage, dont le nom indique l'origine, avait passé marché pour une fourniture de draps et de 300 quintaux de cire, à livrer annuellement en la garde-robe du roi, qui lui avait assigné en paiement les coutumes et fermes de Marmande. »

de Gironde, Anessance de Caumont, Bertrand de l'Isle, Raiufroy de Durfort, Gaston de Gontaud, Vital de Gontaud, Guillaume de Pins, Amanieu de Fossat, Amanieu de Madaillan, Etienne Ferriol, Rudel de Seyches, Arnauld de Marmande (1), etc. Le roi d'Angleterre n'oublia pas d'appeler à son secours l'archevêque d'Auch, les évêques d'Agen, de Bazas, de Bayonne, les abbés de Saint-Maurin, de Clairac, le prieur du Mas, etc.

M. Champollion-Figeac (*Lettres de rois, de reines*, etc. t. I, p. 406) met vers 1294 divers articles concernant la délivrance des terres de Guyenne aux mains du roi de France, et notamment « des chasteaux qui s'ensuient : de Pene en Agenois, de Tornon, de Montflanquin, de Puigmirol, de Marmande. »

Raoul de Clermont, connétable de France, était à Marmande en août 1295. Il y signa la veille de la fête de Saint-Barthélemi, des lettres par lesquelles il donna à Arnauld de Marmande, fils d'autre Arnauld, la terre que tenait la femme de ce chevalier (veuve de Bertrand, fils du seigneur de Podensac) (1), terre qui avait été mise sous la main du roi. L'affaire fut conclue moyennant le prix de quinze cents livres (monnaie arnauldine). Un Raymon de Bouglon (2) figure au nombre des chevaliers qui s'engagèrent à servir de caution à Arnauld de Marmande. Parmi les témoins de l'acte je signalerai Arnauld de Labarte, Amanieu de Pellegrue, Arnauld de Ladils, etc. (Bibliothèque nationale, collection Doat, t. CLXXVI, p. 115).

Labenazie a transcrit (t. I, p. 150) d'après l'original qui était alors dans les archives de Marmande, une commission expédiée en faveur de cette ville à un chantre de l'église d'Agen, le 21 Septembre 1296. Là, Robert, comte d'Artois, lieutenant du roi de France dans les pays de Toulouse, Carcassonne, Périgord, Saintonge et dans tout le duché d'Aquitaine, dit que le bailli et les consuls de Marmande exposent avec plaintes que, du temps du comte de Poitou et de Toulouse, et du temps du roi de France, son successeur, et du temps du roi d'Angleterre qui occupait le duché d'Aquitaine, et longtemps auparavant, le bailli et les

---

(1) Je retrouve Arnauld de Marmande, seigneur de Virazeyt (*sic* pour Virazeil), à la page 151 du même volume, cité au nombre des personnages considérables auxquels, le 19 octobre 1295, le roi d'Angleterre écrivit pour les prier de lui être fidèles dans sa lutte contre le roi de France. Vingt ans plus tard (17 juillet 1315), le roi d'Angleterre adressa une autre lettre, lettre de créance celle-là, à Arnauld de Marmande, seigneur de Castelnau (*Castro novello*).

(1) Je lis ainsi le mot Pozensac qui est évidemment fautif.

(2) Au lieu de Raymond de *Mogliono*.

consuls de cette ville avaient paisiblement et tranquillement juridiction sur la paroisse de Gaujac, diocèse de Bazas, autant qu'elle s'étend depuis ladite ville jusqu'au ruisseau appelé Calsavanse inférieure, et cela dura jusqu'à ce que Augier Mote, chevalier, de Meilhan, fut vice-sénéchal d'Agenais pour ledit roi d'Angleterre; depuis lors, par l'aide et la faveur de ce vice-sénéchal, et à cause surtout d'un certain moulin qu'il construisit en cette paroisse, le prévôt de Meilhan commença à troubler indûment ledit bailli et lesdits consuls dans l'exercice de cette juridiction, et comme on continue à les troubler et à les inquiéter en cela, ils demandent instamment qu'un terme soit mis à un tel état de choses. C'est pourquoi le comte d'Artois ordonne au chantre de l'église d'Agen de rechercher la vérité sur ce point (1).

Le 1er Novembre 1300, Bernard de Larroque (Larroca), prieur de Marmande, est témoin d'un hommage rendu dans l'église de Couthures par Guillaume de Caumont à l'archevêque de Bordeaux (Bertrand du Got, plus tard Clément V), pour la terre de Loutrange, dans le canton actuel de Meilhan, et plus particulièrement aux environs de Montpouillan. (*Archives historiques du département de la Gironde*, t. II, p. 161) (2).

M. Rabanis, à la suite de sa mémorable dissertation sur *Clément V et Philippe le Bel* (1 vol. in-8°, 1858), a publié un document trouvé par lui dans les archives départementales de la Gironde, et qui donne jour par jour, et pour ainsi dire heure par heure, le relevé officiel des actes et des démarches de Bertrand du Got depuis le 17 Mai 1304, époque de son départ de Bordeaux, jusqu'au 20 Juin 1305, où il reçut à Lusignan, la première nouvelle de son élection. (3) D'après le procès-verbal de la visite de sa province ecclésiastique, l'archevêque de Bordeaux arriva à Marmande le 27 Mai 1304: « Le 21e acte porte que ledit seigneur seroit allé à Marmande au prieuré dudit lieu où il auroit couché avecq son train aux despens dudit prieuré, et le lendemain 28 dudit mois s'en seroit allé au prieuré de Virazel où il auroit fait la visite et annoncé la parole de Dieu et conféré la confirmation et tonsuré, et y séjourne jusques au lendemain avecq son train aux despens dudit prieuré. »

---

(1) Ce document a été publié dans le tome V des *Archives historiques du département de la Gironde*, p. 359, d'après une copie beaucoup moins correcte que celle de Labenazie.

(2) La pièce avait été tirée par moi du tome CLXXVII (p. 129), de la collection Doat.

(3) Voir ma *Notice sur le prieuré de Sainte-Livrade*, d'après un maunscrit inédit de la Bibliothèque impériale, 1869, p. 28.

Edouard Ier, le 30 Mars 1305, ordonna de tenir compte à Amanieu de Curton, damoiseau, des sommes qui lui étaient dues pour le payement de sa solde pendant la guerre de Gascogne, sur les mille livres qu'il doit lui-même au roi d'Angleterre pour la prise à rente de la baillie de Marmande (Collection Bréquigny, t. xvii, p. 131).

Edouard Ier, le 6 Avril de la même année, manda au sénéchal d'Aquitaine (Jean de Havering) et au connétable de Bordeaux (Richard de Havering) de laisser jouir Amanieu de Curton, à cause de ses bons et louables services, de la baillie de Marmande, actuellement entre ses mains, ou de tout autre baillie équivalente, pour la garder tout le temps qu'il se comportera en bon et fidèle sujet. (*Ibidem*, p. 222) (1).

Le 7 Octobre 1309, Edouard II remit la garde du château et de la châtellenie de Marmande, avec toutes les appartenances, à Vital de Filartige, et il chargea le sénéchal de Gascogne d'installer le nouveau titulaire (Même collection, t. xviii, p. 80) (2).

Le 7 Mars 1310, le roi d'Angleterre confirma, en faveur d'Auger de Castro Pugo, la commission de la baillie de Marmande qui lui avait été affermée par le connétable de Bordeaux. (Même collection, t. xix, p. 5.)

A la sollicitation de noble homme son cher et fidèle Bertrand de Salviac, comte de Campan (neveu du pape Clément V), le roi d'Angleterre nomma (18 février 1312) greffier de Marmande Thomas de Akeby, clerc. (*Ibidem*, p. 200) (3).

Le 26 Février 1313, Edouard II enjoignit au connétable de Bordeaux de faire rendre à Bourgeois de Til (Burgesio de Tilio) les baillies de Marmande, d'Aiguillon et de Nicole. (*Ibidem*, p. 274).

Le 10 Août 1314, Edouard II confia à Ponse de Thoulouse (Poncio de Tholos) la Garde du château de Marmande. (Même collection, t. xx, p. 61).

L'année suivante, le 13 Juillet, le roi d'Angleterre voulut que le sénéchal de Gascogne affermât à Ponse de Thoulouse, capitaine

---

(1) Trois jours auparavant, le roi avait mandé aux mêmes officiers de donner à Bernard des Champs *(de Campis)* le contrôle de la coutume de Marmande. (*Ibidem*, p. 190).

(2) Vingt jours plus tard, Edouard II signa des lettres portant commission de contrôleur du péage de la ville de Marmande pour maître Bernard de Bray, avec ordre au connétable de Bordeaux de faire toucher audit Bernard les gages attachés aux fonctions de contrôleur. (*Ibidem*, p. 82).

(3) Le 7 août de la même année, le roi ordonna que Th. de Akeby fût mis en possession du greffe. (*Ibidem*, p. 226).

du château de Marmande, le moulin de cette ville, et le lui laissât occuper jusqu'à l'entier remboursement des deniers qu'il devait employer aux réparations de ce moulin, lequel était tellement détérioré (*adeo dirutum est et confractum*) qu'il ne pouvait, sans préjudice pour les revenus du roi, être laissé en un tel état (*Ibidem*, p. 173).

Six jours plus tard, Edouard II écrivit au sénéchal, au juge ordinaire de l'Agenais, et à maître Guillaume de Cazes (*de Cazis*), docteur ès-lois et conseiller du roi, pour leur ordonner de faire une enquête au sujet des graves plaintes (*gravem querimoniam*) formulées par les habitants de Marmande contre ceux de la bastide de Castelnau (*Castro novo*) (1) lesquels voulaient s'emparer de la juridiction de la paroisse de Beaupuy (*super exercitio jurisdictionis parochie de Beaupuch*), chose qui portait un tort considérable aux dits habitants de Marmande et avait causé déjà de graves et nombreuses querelles (*Ibidem*, p. 175).

En même temps le roi recommanda aux mêmes commissaires d'informer sur la requête des habitants de Marmande, qui l'avaient supplié de leur donner à cens ou rente foncière et perpétuelle un droit dont il jouissait dans cette ville, appelé ban des vins (*bannum vinorum*) et qui consistait en ceci, que, durant tout un mois, chaque année, on ne pouvait vendre dans la ville d'autres vins que ceux du roi (*Ibidem*).

Edouard II ordonna encore aux mêmes commissaires (*eodem tempore, et ibidem*) de se livrer à une autre enquête sur la plainte des Marmandais qui le suppliaient de faire cesser les exactions que commettaient les fermiers du péage de Marmande à l'égard de toutes les marchandises qui passaient dans cette ville, soit par eau, soit par terre (2).

Le 16 Décembre 1315, Edouard II confirma la commission de greffier du ressort de Marmande donnée avec tous les émoluments, sa vie durant, à Bernard de Vacquier, Clerc, par Jean, évêque de Norwick, Jean de Bretagne, comte de Richemond,

---

(1) Castelnaud-sur-Gupie, canton de Seyches, à 9 kilomètres de Marmande.

(2) M. Fr. Michel (note II de la page 218 de son *Histoire du Commerce de Bordeaux*), nous rappelle que quelques années plus tard les habitants de Marmande étaient victimes de désordres bien plus graves encore : « Les consuls et habitants de Marmande s'étaient plaints à Edward II des nobles du pays qui, en dépit de la protection et de la sauvegarde garanties par des lettres-patentes, commettaient à leur égard d'atroces injustices, en sorte qu'ils n'osaient plus se rendre à Bordeaux pour leurs affaires commerciales (*Rot. Vasc.* 13, 16 et 17, Ed. II, m. 2).

et Gui Fferre, députés du roi dans le duché d'Aquitaine (Même collection, même tome, p. 219 (1).

En 1317, par sentence du sénéchal d'Aquitaine, la paroisse de Beaupuy fut partagée entre les habitants de Marmande et ceux de Castelnaud-sur-Gupie, et non comme on l'a dit par erreur (2), entre les habitants de Marmande et le seigneur de Mauvesin.

En 1318, la ville de Marmande fut annexée à la couronne d'Angleterre (Rymer, t. II, p. 150) (3).

Le 28 Avril 1320, Edouard II ordonna de faire rentrer dans le département du trésorier de l'Agenais les revenus royaux de Marmande *(exitus, proventus et proficua de singulis balliviis, terris, custumis, molendinis, piscariis et aliis rebus nostris)*, qui en avaient été séparés par le connétable de Bordeaux, malgré l'ancienneté de la coutume contraire (Collection Bréquigny, t. XXII, p. 31).

Le 17 Août 1320, le roi d'Angleterre confia la garde de Marmande à celui qui y avait été envoyé pour percevoir les droits de péage, en même temps que la garde de Penne était confiée au sénéchal d'Agenais, et la garde de Tournon au trésorier d'Agenais (Rymer, t. II, seconde partie, p. 5.)

Vers l'année 1320, le prieur de Marmande adressa à Edouard II

(1) Le roi d'Angleterre renouvela, le 28 juillet 1318, la concession faite à Bernard de Vacquier, du greffe des assises de Marmande *(scribaniam assisiatus Marmande)*, avec tous les émoluments et produits, sa vie durant, emploi dont il avait été disposé, par méprise, en faveur d'un autre (Bréquigny, t. XXI, p. 193), et, le 8 mai 1320, il ordonna au sénéchal de Gascogne de remettre aux mains de Bernard de Vacquier ledit greffe, qui lui avait été indûment retiré (t. XXII, p. 47).

(2) *Archives historiques du département de la Gironde*, t. V, p. 339. Voici le texte qui ne me paraît pas avoir été bien compris : « Et sur ce me exhibèrent (les consuls de Marmande) ung instrument vieilh en belle forme, receu par M. Guillaume Constantin, notaire public, de l'an mil IIIc XVII, auquel au le seneschal de Guienne, quy pour lors estoit, voulant mettre fin au débat qu'auret longuement esté entre la ville de Marmande et les habitans de Labastide de Castelnau (mieux de la bastide de Castelnau), chacun desquelz prétendoit que la parroisse de Belpuch estoit en sa juridiction, icelluy seneschal les accorda et mist en paix et diviza icelle parroisse de Belpuch, ainsi comme audict instrument est contenu. » *(Ibidem*, p. 349.)

(3) Voir, au sujet du grand nombre de villes de l'Agenais annexées, en 1318, à la couronne d'Angleterre, mon *Histoire de la commune de Hautes-Vignes*, 1869, p. 3.

une pétition pour obtenir de lui le maintien de ses priviléges. Je crois devoir la traduire en entier :

Le prieur de Marmande, de l'ordre de Saint-Benoît, dans le diocèse d'Agen, au nom de son monastère et prieuré de Marmande, signifie à la majesté royale que ledit monastère et prieuré fut dispensé du péage tant du vin que du blé et de toutes les autres choses transportées ou par eau ou par terre, à condition que ce ne fut point pour en faire commerce, et cela par privilége, coutumes et franchises accordés à l'abbé de Clairac et à la maison de Saint-Pierre de Gornomio par le seigneur Richard, de bonne mémoire, autrefois comte de Poitou et duc d'Aquitaine, fils de l'illustre seigneur Henri, roi d'Angleterre, lorsqu'il établit la ville de Marmande, ainsi que cela est plus amplement consigné dans les coutumes, franchises et libertés que ce seigneur accorda aux consuls et aux habitants, et pourtant ledit prieur de Marmande est tous les jours à ce sujet molesté par vos gens, et malgré qu'il s'en soit plaint à plusieurs reprises à quelques-uns des officiers de votre duché, ils n'ont jamais eu soin de lui faire donner satisfaction. C'est pourquoi ledit prieur demande que, pour l'amour de Dieu et en vertu de votre piété et de votre miséricorde, vous daigniez apporter un si efficace remède à tout cela que ledit monastère et prieuré ne soit aucunement lésé désormais. (Collection Bréquigny, t. XXII, p. 149).

Au dos de l'original en parchemin de cette pétition, est écrite cette réponse du roi : « Qu'il soit mandé au sénéchal de Gascogne, après qu'il aura vérifié les priviléges du prieur, de lui rendre justice. » (1)

---

(1) C'est aussi vers 1320 que Raymond-Bernard de Marmande adressa au roi une pétition pour obtenir la terre de Blanquefort et quelques autres terres, en dédommagement de ses châteaux de Lusignan et de Virazeil détruits, et de ses autres terres perdues durant les guerres contre la France, et aussi pour obtenir le paiement des gages qui lui étaient dus pour avoir servi pendant lesdites guerres : « A nostre seigneur le roy et à son conseil privé supplie humblement Remon Bernard de Marmande de Agenois que comme, Sire, il ait esté en vostre service et en le service nostre seigneur le roy, vostre père, que Dieux absoille, en la guerre de Gascoigne tant come elle a duré avec dix hommes d'armes à cheval, trente-trois servants à pié et par reson de l'avant dit service, le dit Remon a perdu ses terres qui valent mille livres de tournois par an, et son chastel de Lesingham et son chastel de Virezils sont abatus par les Franceis, etc. » R. B. de Marmande ajoute qu'il n'a pas encore été dédommagé de toutes ces pertes, que seulement Olivier de Ingham, quand il était sénéchal de Gascogne, lui donna les terres de Pierre de La Mothe, en Bazadois, gagnées sur ledit Pierre, qui était un rebelle; mais retour a été fait au roi de France et à

Le 8 Mai 1321, le four de Marmande fut concédé à Bernard de la Roque. (*Rolles gascons*, t. I, p. 74).

Le 12 Mai de la même année, le roi d'Angleterre ratifia la vente faite, à Marmande, dans le couvent des Frères Mineurs, par Guillaume de Toulouse, trésorier d'Agenais, au cardinal Guillaume, pour la somme de trois cents livres, d'une maison de Condom, qui était appelée le palais du comte (*aula comitis*), laquelle menaçait ruine et était hantée par des femmes de mauvaise vie (1). Les témoins de l'acte de vente, déjà approuvé par le sénéchal d'Aquitaine, Amaury de Créon, avaient été Arnauld de Durfort, Guillaume-Raymond de Gensac, chevaliers, Nicolas Bardel, docteur ès-lois, juge ordinaire outre-Garonne, Pierre de Marmande, chevalier, sénéchal d'Agen, Bernard de Cassagne, docteur ès-lois, etc. (Rymer, t. II, seconde partie, p. 19).

Le 2 Août 1321, le roi d'Angleterre ordonna que justice fût rendue au prieur de Marmande, en ce qui concernait ses priviléges. (*Rolles gascons*, t. I, p. 58) (2).

Le 17 Décembre de la même année, Edouard II réclama des subsides pour la guerre d'Ecosse, aux villes d'Agen, de Marmande, de Villeneuve, etc. (Rymer, t. II, seconde partie, p. 33).

A la date du 31 Décembre 1321 fut rendue une sentence du sénéchal d'Aquitaine, déclarant que le moulin de la Tysoenca était dans la juridiction de Meilhan, et défendant au bailli de Marmande de renouveler ses empiétements sur ce point (Archives des Basses-Pyrénées, E. 191).

---

ses gens des terres prises alors, et depuis R. B. de Marmande n'a eu aucune récompense, et pourtant il a été obligé, afin de maintenir sa position, de vendre ses chevaux et ses harnois « à grant meschief ». Il supplie donc le roi de lui abandonner les terres des rebelles qu'il a en sa main, et qui sont la terre de la dame de Marensin, la terre de Blanquefort qui fut à la femme du comte d'Armagnac, la terre de la dame de Lyran, et la terre d'Arnauld de Noelhan. Le roi répondit qu'il ferait informer des pertes et des dommages qui lui étaient signalés, et que ce qui serait dû serait payé (Bréquigny, t. XXII, p. 153).

(1) Voir sur le cardinal Guillaume Teste, né à Condom, et qui fut légat en Angleterre en 1308, et sur le lupanar qu'il purifia si bien en en faisant un hôpital destiné aux pèlerins qui se rendaient au tombeau de Saint-Jacques, l'*Histoire de la Gascogne*, de l'abbé Monlezun, t. III, p. 14.

(2) Le prieuré de Marmande, comme celui de Puyguirault, dépendait de l'abbaye de Clairac (ordre de Saint-Benoît). Ces deux prieurés furent, au XVIIIe siècle, unis au collége d'Age (Hugues du Tems, *Clergé de France* t. II, p. 292).

Le 8 Février 1322, le roi d'Angleterre demanda des secours en hommes, pour la même guerre, aux mêmes villes (Rymer, *ibidem*, p. 38). Le 2 Avril suivant, la même demande fut renouvelée (*Ibidem*, p. 44) (1).

Bourgeois de Til est chargé de la garde du château de Marmande, le 22 Novembre 1322 (Bréquigny, t. XXIII, p. 37).

Le tome CCXLI de la collection Doat est rempli par un *Inventaire des titres, lettres, chartes, papiers de la chambre du trésor du château de Montignac en Périgord fait par Jean Favot, evesque d'Aure (sic), Mathieu du Pac, président du Béarn, conseillers du roi de Navarre et ses commissaires* (août 1546). A la page 570 de ce volume je relève l'indication suivante : *Lettres d'Adam de Limbroche (sic* pour Limbrock), *connétable de Bordeaux, par lesquelles il est mandé à maistre Léonard de Biachs, notaire de Marmande, de faire jouir dame Bonnissende (sic* pour Brunissende) *de Foix, tutrice d'Archambaud, son fils, comte de Périgord, du péage de Marmande qui lui avait été cédé par le roi d'Angleterre, pour raison d'une certaine compensation qu'il lui devait à la suite d'un échange* (1323).

Le 25 Février 1324, le roi d'Angleterre annonça aux consuls de la ville de Marmande qu'il envoyait en Gascogne, pour s'informer de la situation du duché, Robert de Echynha, chevalier, et maître Bertrand de Ferrand, clerc, réclamant pour eux protection et créance (Rymer, t. II, seconde partie, p. 92) (2).

Le 12 Mai de cette même année, Edouard II confia au sénéchal de Gascogne le soin d'informer sur la demande des consuls de la ville de Marmande concernant la construction des portes de la ville, dont les frais avaient été payés par eux, alors que ces frais auraient dû être payés par le roi. Les consuls avaient rappelé, dans leur requête, que la ville de Marmande étant entourée de châteaux et de lieux habités par de puissants barons, était souvent l'objet de leurs attaques, et qu'il avait fallu, pour s'en préserver, bâtir plusieurs portes faites de briques et de pierres, ce qui avait tellement épuisé leurs ressources, qu'ils ne pouvaient,

---

(1) Le 13 janvier 1323, le roi écrivit à l'évêque d'Agen, aux abbés de Clairac et de Saint-Maurin, aux prieurs du Mas et de Monsempron, au sujet des continuels subsides de l'éternelle guerre d'Ecosse (*Ibidem*, p. 60). Quelque temps auparavant, Arnauld de Marmande avait été convoqué pour se rendre auprès d'Edouard II avec armes et chevaux (Bréquigny, t. LXXI, p. 1).

(2) Le 30 septembre de la même année, le roi d'Angleterre écrivit à divers seigneurs de l'Agenais, au nombre desquels était Arnauld de Marmande, pour les prier de continuer à le servir avec fidélité contre le roi de France (*Ibidem*, p. 111).

sans une subvention du roi, compléter leur œuvre défensive en fermant la ville tout entière de murailles suffisantes (1).

Le 8 Septembre 1326, le roi d'Angleterre donna ainsi l'ordre d'arrêter les hommes de Marmande, à cause de la reddition de cette ville aux Français :

« Le roi, au maire et aux baillis de la ville de Bristol, salut. Comme le roi de France a excité la guerre contre nous, en recevant dans son royaume notre épouse (2), et Edouard, notre fils aîné (que récemment, dans notre confiante affection, nous avions envoyé vers lui), et en les retenant contre notre volonté, et en favorisant et aidant nos ennemis et rebelles, et en parcourant le duché de Gascogne avec de grandes armées, et en faisant subir le poids de la guerre en plusieurs autres lieux, tant sur mer que sur terre, à nous et à ceux qui nous sont fidèles, et comme aussi, à cause de cela, les hommes de la ville de Marmande se révoltèrent contre nous, et livrèrent en traîtres cette ville aux

---

(1) Voici le texte de la lettre d'Edouard II :

Rex senescallo suo Vasconie qui nunc est vel qui pro tempore erit, salutem. Monstraverunt nobis dilecti et fideles nostri consules et universitas ville Marmande, Ageneusi diocesi, quod cum villa sua predicta circumdata sit castris et locis Baronum, qui ortis dissensionibus super nostris et ejusdem ville juribus seu deveriis frequenter ipsam impugnare nituntur, ac iidem consules et universitas in ingressibus dicte ville quam plurima portalia de tegulis et lapidibus pro tuicione ejusdem que juxta consuetudines Patrie ab antiquo usitatas per nos ut asserunt fieri debuissent, sumptibus suis propriis fecerint, in quorum quidem portalium constructione ac in aliis oneribus emergentibus que nos ad salvationem populi parcium illarum contingebant tot sumptuosas expensas ante hec tempora apposuerunt quod ad claudendam dictam villam suam muris competentibus contra hostiles aggressus subbitos et inopinatos, prout nobis et ipsis expediret, sine nostro in hac parte subsidio non sufficiunt hiis diebus, per quod nobis supplicaverunt ut sibi pro construendis muris predictis subsidium eis facere graciosè dignaverimur. Nos volentes certiorari si nos de constructione in partibus illis usitata ab antiquo portalia ville predicte nostris sumptibus construere teneamur, et qualiter et quomodo, et que portalia dicti consules et universitas pro muris dicte ville construxerunt, vobis committimus et mandamus quatinus vocatis de consilio nostro quos ad hoc fore videritis evocandos, habita que super premissis informatione pleniori, nos de eadem informatione una cum consilio et avisamento vestris in hac parte sub sigillo nostro ducatus predicti reddatis certiores, ut habito hujusmodi certificatione ulterius inde fieri valeat quod pro nostra et ejusdem ville utilitati fuerit faciendum. Datum apud Westminsterium XII die maii (an XVII). Collection Bréquigny, t. LXXII, p. 15.

(2) Isabelle, sœur de Charles IV. Voir Lingard, *Histoire d'Angleterre*, traduction L. de Wailly, t. II, pp. 124 et suiv.

troupes du roi de France quand elles envahirent ledit duché (1), troupes qui la détiennent encore hostilement, nous vous enjoignons formellement d'arrêter sans délai tous les sujets du roi de France trouvés déjà ou que l'on trouvera désormais dans l'étendue de votre bailliage (excepté les religieux et les Flamands, durant les trèves établies entre ces derniers et nous), et d'arrêter surtout Arnauld Jougelar et Vital de Vilars, marchands, de Marmande, ainsi que tous les autres hommes de ladite ville de Marmande, avec leurs navires, leurs marchandises et autres objets quelconques, et de les faire garder sûrement et honnêtement, eux et leurs navires, leurs marchandises et objets quelconques, sans en rien détourner, le tout jusqu'à ce qu'il en soit autrement ordonné, claire et franche indication devant nous être fournie, de temps en temps, sous la garantie de vos sceaux, des noms de ceux que vous arrêterez, des noms de leurs navires et de la valeur des marchandises et autres choses saisies, formalités qu'il importe de ne point négliger. (Rymer, *t.* II, seconde partie, p. 166 (2).

Le 20 Mai 1327, Edouard III ordonna au sénéchal de Gascogne de confier à Hugues de Seniniac, pour toute sa vie, en dédommagement des pertes souffertes par lui dans la guerre de Gascogne, la garde du château de Marmande (3) qui, en ce

(1) Ce fut dans l'automne de 1324 que Charles de Valois, oncle du roi de France, envahit l'Agenais. Edmond, comte de Kent, frère d'Edouard II, ne put obtenir une trève de quelques mois, qu'au prix de la reddition de La Réole. (Voir dom Vaissète, à l'année 1324.)

(2) Voir (*ibidem*, p. 174) une lettre du roi d'Angleterre à Bernard de Marmande, pour réclamer de lui créance et fidélité. Le 23 juin 1326, des lettres de rémission furent accordées à Arnauld de Marmande, seigneur de Taille-Cavat, en même temps qu'au seigneur de Montastruc, à Anissance de Caumont, co-seigneur de Saint-Barthélemy, à Guillaume de Caumont, seigneur de Caumont, à Gautier de Caumont, à Bertrand de Saintrailles, à Pierre de Gontaud, seigneur de Biron, à Sance de Pins, seigneur de Taillebourg, à Bertrand de Fumel, à Rudel de Seyches, seigneur de Seyches, à Amanieu de Noaillan, seigneur de Sainte-Livrade, etc. (Collection Bréquigny, t. LXXII, p. 156).

(3) Pierre-Raymond de la Salle est appelé *Chastelain de Marmande* dans un rôle de 1327 (Bibliothèque nationale, F. F. n° 9501, p. 99). Dans le même volume (p. 149) on voit que furent établis à Marmande, pour la guerre de Gascogne, Henry de Molles, chevalier, avec deux écuyers, et Gaillard de Castelpugon, avec trente écuyers et deux cents sergents. Enfin, dans le même volume encore (p. 99) figure la liste des guerriers entre qui fut partagée à Marmande, le 20 août 1327, une certaine somme, guerriers parmi lesquels je

moment, n'était plus entre les mains du roi. (Collection Bréquigny, t. LXXII, p. 211) (1).

Le 4 août 1327, Charles IV (2) accorda aux consuls et aux habitants de la ville de Marmande des lettres de sauvegarde que je donne ici *in extenso*, comme je le ferai pour tous les documents inédits de quelque importance que j'aurai pu recueillir :

« Salva gardia domini Regis concessa habitatoribus ville Marmande in Agenensi.

Karolus etc. universis presentes litteras inspecturis, salutem. Notum facimus quod nos, ad supplicationem dilectorum nostrorum consulum et habitatorum ville Marmande in Agenensi asserentium ex certis et verissimilibus conjecturis, ex eo maxime quod ipsi ut fideles nostri rebellium et inimicorum nostrorum suis viribus temerariis ausibus obviarunt sibi cavere ne per aliquorum rebellium et inimicorum nostrorum potentiam injurie oppressiones aut violencie eisdem consulibus et habitatoribus aut eorum successoribus inferantur, præfatos consules et habitatores dicte ville Marmande ac eorum successores cum bonis et familiis eorumdem in et sub nostris protectione et gardia speciali ex certa sciencia et de nostra speciali gratia suscipimus et ponimus per presentes, volontes insuper et eciam decernentes quod si aliqui forenses contra dictos habitatores dicte ville vel eorum aliquem aut eorum successores, vel res, bona, aut familiam eorumdem contra hanc nostram gardiam specialem commiserint tanquam infringentes eamdem debite puniantur. Si vero habitatores ipsi unus contra alium, res, bona, vel familiam ipsorum aliquid contra hujus modi gardiam specialem commiserit, per suum judicem ordinarium puniantur sicut fieret si hujusmodi gardia specialis non foret eisdem concessa. Damus autem hiis presentibus in mandatis Agennensi et Petragoricensi senescallis qui nunc sunt et qui pro tempore fuerint quatenus consules et habitatores ville Marmande et eorum successores in et sub nostris protectione et gardia speciali in suis justis possessionibus, juribus, franchisiis, libertatibus, usibus et saisinis in quibus ipsis et eorum predecessores habitatores dicte ville esse et fuisse pacifice invenerint, prote-

---

nommerai le sire d'Andouins, Guillaume de la Balme, Raymond Bernard de Durfort, Bertrand de Durfort, Bernard de Rovignan, Arnaud de Baulat, Bertrand de Galart, Anissans de Pins, etc.

(1) A la même date (*ibidem*, p. 212) le greffe de la baillie de Marmande fut donné à Jean Vivent, en compensation des pertes éprouvées par lui dans la même guerre.

(2) Charles IV, et non Philippe VI, comme l'avance M. Ducourneau (p. 85 de la seconde partie du tome I de la *Guienne historique et monumentale*).

gant, mainteneant et conservent, ipsosque et eorum familias cum bonis et rebus suis universis ab inimicorum violentiis, oppressionibus, vi armorum et potentia laycorum viriliter et debite defendant, ipsis que habitatoribus unum aut plures servientes suis sumptibus ad suorum conservationem et cognitionem requirunt se nullatenus intromittant. In cujas rei testimonium presentibus litteris nostrum fecimus apponi Sigillum. — Datum apud Vertholium IIII die Augusti anno Domini M° CCC° vicesimo septimo.

Per Dominum regem ad relationem dominorum Andree de Floren et Petri de Cugneriis (1), P. Caisnot (Trésor des Chartes, reg. 64, n° 502).

En ce même mois d'août 1327, Charles IV, qui ne négligeait rien pour s'attacher ses nouveaux sujets, confirma l'autorisation qui avait été donnée autrefois aux habitants de Marmande, de pouvoir vendre au détail les vins qu'ils récoltaient dans leurs vignobles :

Ordinatio facta in villa Marmande quod vina crescentia in vineis habitatorum ejusdem ville vendentur ad detallum.

Karolus, Dei gratia, Francie et Navarre rex. Universis presentes litteras inspecturis salutem. Notum facimus quod nos ad supplicationem consulum et habitatorum ville Marmande, eo maxime nobis factam, quod pro majori parte ea quibus vivere et sustentari habent in fructibus vinearum suarum consistunt eisdem consulibus et habitatoribus et eorum successoribus, quod semper begnivolis volumus prosequi favoribus, de speciali gratia concedimus per presentes ut vina que ea fructibus vinearum suarum proveniunt et non alia in dicta villa ad detallum sive tabernam solummodo vendentur prout ibidem a trigenta annis citra, sicut accepimus fieri extitit usitatum, nolentes quod dicti consules et habitatores aut eorum successores contra nostram presentem gratiam de cetero molestentur. Quod ut firmum et stabile permaneat in futurum presentibus litteris nostrum fecimus apponi Sigillum. — Datum apud Briolium anno Domini M° CCC° vicesimo septimo mense Augusti. Per dominum regem, etc. (Trésor des Chartes, reg. 64, n° 654) (2).

---

(1) C'est là ce fameux jurisconsulte qui, deux ans plus tard, sous Philippe VI, joua un si grand rôle dans le débat solennel à la suite duquel furent fixées les limites des juridictions ecclésiastique et laïque (décembre 1329). Voir sur Pierre de Cugnières les *Recherches* de Pasquier (III, 33) et l'*Histoire de l'Université* de Crévier, t. II et IV.

(2) Au mois de Décembre suivant, Charles IV, qui allait mourir un mois plus tard (31 Janvier 1328), ratifia les lettres de rémission que Robert Bertrand

Philippe VI, à peine assis sur le trône, accorda (Mai 1328) les lettres de rémission que voici aux habitants de la ville de Marmande qui, les uns avaient retenu les biens des ennemis du roi Charles le Bel, les autres n'avaient pas dénoncé les usurpateurs (1) :

Remissio totius culpe in qua habitatores ville Marmande potuissent incurisse ob retentionem et non denunciationem retentorum bonorum inimicorum Regis Karoli.

Philippus Dei gratia Francorum Rex. Notum facimus universis tam presentibus quam futuris quod nos ad supplicationem dilectorum nostrorum consulum ville Marmande asserentium quod licet per gentes regias fuisset ex parte regia in dicta villa publice proclamatum sub pena corporis et bonorum quod quicumque haberet aut sciret habentem quicquam de bonis inimicorum et rebellium carissimi domini nostri Regis Karoli sine mora redderet bona ipsa, et habentes revelaret gentibus dicti domini nostri seu nostris, nonnulli habitatores dicte ville plus simplicitate quam malicia ducti, aliqua habentes bona dictorum inimicorum et rebellium, ea retinuerunt, alii vero bona hujusmodi apud alios et alibi esse scientes hoc dictis regiis gentibus revelare et denuntiare omiserunt, propter quod gentes nostre illarum partium asserunt dictos homines penas eis inde appositas incurrisse. Volontes cum eisdem hominibus misericorditer agere in hac parte, quantamcumque penam corporalem civilem et pecuniariam et aliam in quam ex retentione bonorum predictorum quorumlibet incurrerint dum tamen bona ipsa per eos retenta gentibus nostris pro nobis restituant et recelata revelent, eis quittamus et remittimus per presentes omnem nichilominus infamiam, si qua ex

---

de Briquebec, maréchal de France et lieutenant du roi en Gascogne, avait accordées à Arnauld de Marmande pour toutes les fautes et tous les délits qu'il avait pu commettre à l'occasion de quelques rébellions contre le roi de France (Trésor des Chartes, reg. 64, n° 647). Craignant de trop allonger cette notice, je me décide à ne pas insérer ici une pièce où il n'est, du reste, nullement question de la ville de Marmande. Ceux qui, malgré tout, regretteraient de ne point la trouver dans cet opuscule, pourront la lire dans un des prochains volumes des *Archives historiques du département de la Gironde*. Un autre gentilhomme portant le même nom qu'Arnauld, Raymon Bernard de Marmande, fut chargé par le roi d'Angleterre, le 1er Mai 1329, de garder le château de Montendre (Bréquigny, t. XXIV, p. 13).

(1) Philippe de Valois fut sacré le 29 mai. Comme on le verra par le dernier paragraphe des présentes lettres, on n'avait pas encore eu le temps, quand il les fit expédier, de fabriquer le nouveau sceau royal, et on fut obligé de se servir du sceau particulier que possédait le petit-fils de Philippe-le-Hardi.

premissis contraxerint abolentes de nostre regie plenitudine potestatis, dantes insuper tenore presentium in mandatis senescallo ac receptori Agennensi et aliis gentibus regiis presentibus et futuris, ut occasione premissorum non molestent seu molestari faciant aut permittant dictos habitatores vel eorum aliquem seu ab eis penas quascumque exigant propter premissa, et si quid de bonis ipsorum propter ea captum est vel saisitum illud eis deliberent indilate. Quod ut ratum et stabile permaneat in futurum nostrum quo utebamur antequam Regnum devenisset predictum presentibus litteris fecimus apponi sigillum, nostro in aliis et alieno in omnibus jure salvo. — Actum Pruninii anno Domini millesimo CCC° vicesimo octavo mense maii. Per dominum regem, etc. (Trésor des Chartes, reg. 65, n° 98).

Le roi d'Angleterre, quoique Marmande ne lui appartînt plus, céda, le 8 Mai 1330, le four de cette ville *(in partibus infidelium)* à Bernard de la Roke, sa vie durant. (Bréquigny, t. XXIV, p. 161).

Le 1er Août 1330, donation fut faite par la veuve de Garsie de Jusix, chevalier, à autre Garsie de Jusix, neveu de son mari, de tous ses droits dans les villes de Marmande et de Clairac et dans le château de Puy-Guyraud (Archives des Basses-Pyrénées, E. 171).

En 1335 étaient consuls de Marmande : Bernard Helias, Vidal Fesson, Arnaut Guilhems, Steve de Pelegrue, Guilhem Aramon de Bruet et Gualhart Corney. Ayguem de Laun était bailli de cette ville, et Raymond Pinot était son lieutenant. (*Statuts et établissements de la ville de Marmande*, p. 210 du t. V des *Archives historiques du département de la Gironde*).

La guerre entre la France et l'Angleterre s'étant rallumée en 1336, Philippe VI écrivit en ces termes au comte de Foix, le 20 Mai 1337 :

« Philippe par la grâce de Dieu roy de France à nostre amé et féal le comte de Foix salut et dilection. — Comme nous vous eussions escript que vous vous apparillissiez pour venir en la deffense de la couronne de France, parquoy nous vous peussions avoir toutes fois que nous le vous ferions assavoir dedans ceste prochaine Penthecoste, et nous vous signifierons le jour et le lieu, que vous devriez venir, nous vous mandons et requerons que à la quinzaine de la feste Sainct Jehan Baptiste prochain venant, vous soyez à Marmande en Agenois en chevaux et en armes avecques nous, ou avecques celuy ou ceux que nous y commettrons, ou envoierons pour nous pour aidier à deffendre et à garder nostre honneur de la dite couronne et de nostre Royaume. — Donné au bois de Vincenne le vingtiesme jour de may. » (Collection Doat, t. CLXXXVIII, p. 163).

Pierre de la Palu signa à Marmande, le 3 Février 1338, des lettres en faveur d'un certain Guayraud de Minerve (Labenazie, t. I, p. 161). Etienne de la Baume, dit le Galois, seigneur de Valenfin, maître des arbalétriers, commandait à Marmande avec P. de la Palu; car dans des lettres données en cette ville le 16 Novembre 1338, ils se qualifient conjointement lieutenants du roi en Languedoc (*Histoire générale du Languedoc*). Simon de Provigni, seigneur d'Erqueri, chevalier, conseiller du roi et maître des requêtes de son hôtel, vint aussi à Marmande investi des mêmes fonctions; il s'y trouva, avec Etienne de la Baume, le 14 Mars 1338 et, le 26 Décembre, dit dom Vaissète, « il commit, en vertu du pouvoir qu'il avait reçu du roi, Bertrand de la Cassagne, docteur ez loix, et Bertrand de Bedors, chevalier, pour aller dans la sénéchaussée de Toulouse, en qualité de réformateur, y faire la recherche des usuriers, afin de les obliger à financer pour soutenir la guerre de Gascogne. » Enfin, le roi de Bohème (1) établit aussi à Marmande son quartier général, soit à cause de l'importance de la ville, soit à cause de sa favorable situation, et il y donna, le 26 Décembre 1338, des lettres en faveur d'Eymeri de Durfort, chevalier, seigneur de Duras. Il continua son séjour dans cette ville, ajoute dom Vaissète, pour observer les mouvements des Anglais, tandis que le Galois de la Baume et le comte de Foix étaient occupés au siége de Penne. Le roi de Bohème était encore à Marmande le 24 Janvier 1339. Après le départ pour Paris de Gaston II de Foix et d'Etienne de la Baume, Pierre de la Palu assembla un corps de troupes à Marmande, et de là il alla (Mars et Avril 1339) mettre le siége devant Puyguillem (canton de Sigoulès, arrondissement de Bergerac) (2).

Jean de Marigni, évêque de Beauvais, lieutenant du roi en Languedoc et en Saintonge, écrivit de Marmande au comte de

(1) Jean de Luxembourg, roi de Bohème, dont la mort héroïque à la bataille de Crécy (26 août 1346) a inspiré à Froissart une des plus belles pages de ses *Chroniques*, de laquelle il faut rapprocher un remarquable récit de Châteaubriand, dans son *Analyse raisonnée de l'histoire de France*. Ce fut le 30 Novembre 1338 que Philippe VI nomma son très cher cousin et féal Jean capitaine général et son lieutenant sur tous autres en toute la Languedoc.

(2) Dom Vaissète cite ici Louvet, *Abrégé de l'histoire d'Aquitaine* (Bordeaux, 1659, in-4°, p. 60). Je citerai à mon tour à propos du siége de Puyguillem, l'importante dissertation de M. Léon Lacabane, *De la poudre à canon et de son introduction en France*, t. I de la seconde série de la *Bibliothèque de l'Ecole des Chartes*, p. 28.

Foix, le 29 Juin 1339 (1), de l'aller joindre le mardi suivant, à la Réole, avec cinq cents hommes d'armes et trois mille sergents à pied. J'ai publié, d'après une copie de Doat (t. CLXXXVI), la lettre du belliqueux prélat (p. 102 du tome IV des *Archives historiques du département de la Gironde).*

On trouvera dans le même recueil (t. V, p. 206) le procès-verbal de la proclamation d'un réglement établi, le mois précédent, à Marmande, en vertu des priviléges accordés à la ville par le roi de France, et qui punit de 65 sous d'amende tous ceux qui feront vendre dans la ville des vins étrangers. Ce fut le 7 mai que, dans le grand carrefour de ladite ville *(le Canton)*, et dans les autres lieux accoutumés, le crieur public, Bernard Cot, fit cette proclamation, précédée du bruit des trompettes, en présence d'un notaire et des témoins Etienne de Lacausée, Raymond de Pelegrue, Etienne de Pelegrue, Guillaume de Medulc, maîtres Vital Morlan, Sance de Mazurc, Arnauld Prohome, Gualhard Torner, Hélie de Porte, Pierre Galcem, Pierre de Ganes, Bertrand de Saint-Pierre, Guillaume de Prat, Guillaume de Visic, Jean Mercer, et Pierre de Oleres. Le bailli était alors Bernard Mercer et, parmi les consuls, sont nommés dans l'acte, Jean de Ponts, Guillaume de Lacausée et Sance de Vidalhac.

Dans le mois de Novembre de la même année, le samedi après la fête de Saint-Martin, le même crieur avertit les Marmandais des peines dont seraient frappés ceux qui introduiraient des vins étrangers dans la ville sans le déclarer le jour même au conseil, sans désigner la maison où le vin serait déchargé, etc. Les consuls avaient été renouvelés depuis le mois de mai, car voici les noms de ces magistrats: Vidal Fisson, Guassias de Vilote, Arnauld Guillaume Saliey, Arnauld du Cause, Pierre de Graves et Hélie de Porte. Le lieutenant du bailli de Marmande était alors Germain Faur *(Arch. hist. de la Gironde, ibidem*, p. 208).

En 1340, le roi d'Angleterre, écrivant aux communautés et aux nobles de Gascogne au sujet de ses droits sur le royaume de France (2), s'adressa principalement aux villes d'Agen, de Marmande, de Francescas, de Penne, de Miramont, de Montflanquin, de Port-Sainte-Marie, de Tonneins, de Puymirol, de Monclar, de Villeréal et aux seigneurs de Seyches (Rudel), de Montpezat (Ysarn de Baleuxs), d'Aiguillon (Arnauld de Fossat),

(3) Dom Vaissète donne à ce document la date du 30 juin, mais c'est par distraction, car *die penultima junii* ne doit point se traduire par le dernier jour de juin, mais bien par l'avant-dernier jour de juin, mot à mot le presque dernier. Pour le 30 il aurait fallu *die ultima junii.*

(2) Edouard III se sert de cette formule: *anno regni nostri Franciæ primo.*

de Tonneins (Etienne de Ferriol), de Saint-Barthélemy (Guiscard de Caumont), etc. (Rymer, t. II, 4me partie, p. 77).

Le 6 Juin 1341, Edouard III donna à Barran de Cairan, citoyen d'Agen, sa vie durant, la garde du château de Marmande, avec les gages accoutumés, en compensation des malheurs éprouvés par lui dans ses biens, dans ses amis, dans ses parents et notamment dans sa femme, pour être resté fidèle à la cause anglaise. Le document est trop curieux pour que je me contente de l'analyser. Le voici tout entier :

Rex omnibus ad quos etc. salutem. Supplicavit nobis dilectus nobis Barrannus de Cairano, civis civitatis Agenni, ut cum ipse pretextu adherencie nobis facte omnia bona et redditus sua que habuit in civitate predicta et parentes et amicos suos ibidem amiserit et domos et hospicia sua in eadem civitate per inimicos nostros de Francie prostrata et uxorem et fratres sui et quidam de parentibus suis a dicta villa eadem causa exulati et relegati existant, velimus eidem Barranno in recompensationem servicii sui nobis per ipsum impensi custodiam castri et castellanie de Marmande que jam per inimicos nostros occupata existunt cum ad manus nostras devenerint concedere ad terminum vitæ ipsius Barranni, Nos ob laudabile testimonium quod de bono gestu ipsius Barranni erga nos, nobis in guerra nostra in dicto ducatu fideliter serviendo audivimus, et pretextu dicti boni servicii sui nobis, ut premittitur, impensi et in posterum impendendi volentes supplicationi sue predicte annuere graciose concessimus ei custodiam castri et castellanie predictorum, cum eadem castrum et castellania ad manus nostras favente domino devenire continget, habenda ad totam vitam suam percipiendo pro custodia predicta feoda et vadia consueta quacumque donatione in contrarium facta vel facienda nonobstante, in cujus, etc. Teste rege apud Langelo VI die junii (Bréquigny, t. XXVI, p. 153).

Louis, comte de Valentinois, nommé le 13 Décembre 1340 lieutenant général ès-parties de toute la Languedoc, était à Marmande le 26 Septembre 1341 (*Histoire générale du Languedoc*).

Ce fut au mois d'Octobre 1341, le dimanche après la fête de Saint-Luc, que Guillaume de Flavacourt, archevêque d'Auch, et Pierre de la Palu, sénéchal de Toulouse et d'Albi, confirmèrent à Agen, les coutumes de Marmande, à la prière des consuls et bourgeois du lieu. L'acte fut rédigé par le notaire Barthélemy de Bardin. Parmi les consuls sont nommés Etienne de Pellegruc et Arnaud Prohome, et parmi les bourgeois Hélie de la Porte (*de porta*), Guillaume du Castanh et Bernard Arbanères. Au nombre des témoins on compta Guillaume de Barrière, chevalier, seigneur de Châteauneuf, sénéchal d'Agenais et de Gascogne, vénérable et discret Pierre Aurelzet, licencié ès-lois, conseiller du roi et juge-mage d'Agenais et de Gascogne, Guillaume Bilbet, trésorier de France, Hélie de Brugère, docteur èslois, juge-mage de Quercy, Guillaume de Grésac, licencié èslois, juge d'Auch, Guillaume de Caumont, damoiseau, servant dans l'armée du roi et capitaine du château de Bajamont, Pierre Raimond de Cours, damoiseau, servant dans l'armée du roi et capitaine du château de Puymirol, etc. (Collection Baluze déjà citée, tome xxv, p. 212).

Le premier Juin 1342, Edouard III concéda la châtellenie de Marmande, avec toutes ses appartenances, à Guillaume de Celer, bourgeois de Saint-Macaire, pendant toute sa vie, en compensation des dommages subis par lui, pour le service du roi, dans la présente guerre de Gascogne, châtellenie, dit Edouard III, qui est entre les mains de nos ennemis et rebelles (Bréquigny, t. xxxiv, p. 63) (1).

Deux jours après, l'évêque de Beauvais convoqua les hommes d'armes de la sénéchaussée de Beaucaire avec ordre de le joindre à Marmande ou ailleurs le jour de Saint-Jean-Baptiste. Il était à Agen le 14 Juin. Il se rendit ensuite à Marmande, et après l'expiration de la trève, il assiégea au commencement d'Août le château de Damazan, et ensuite celui de Sainte-Bazeille. (*Histoire générale du Languedoc*, à l'année 1342).

Pendant que ce lieutenant du roi de France dans les provinces de Languedoc et de Saintonge était occupé à assiéger cette dernière ville, il expédia (Août 1342) des lettres par lesquelles il maintint les consuls de Marmande en possession de la paroisse de Gaujac (diocèse de Bazas), paroisse qui, comme nous l'avons déjà vu, était de la juridiction temporelle de Marmande. Labenazie rapporte ces lettres (t. i, p. 170) d'après l'original autrefois conservé dans les archives de Marmande, et elles ont été récemment imprimées, d'après une copie du xve siécle, dans le tome v des *Archives historiques du département de la Gironde* (p. 360). On y voit que l'évêque de Beauvais louait fort les habitants de Marmande d'avoir été fidèles au roi, malgré les plus dures épreuves: « Cum dicti et fideles domini nostri regis consules, jurati et habitatores villæ Marmandæ domino nostro regi servierunt fideliter, honorem coronæ Franciæ nedum corpora sua propter guerras domini nostri regis quamplurimis periculis exponendo, sed etiam damna quamplurima ac expensas et onera

(1) Le même jour, concession à vie de la garde du péage de Marmande fut accordée au même personnage, pour l'indemniser des dépenses faites par lui pour la réparation des murs de Saint-Macaire (Bréquigny, t. xxxiv, p. 165).

sustinendo dicto domino nostro regi honorabiliter servierunt et servient incessanter, etc. »

Le 8 Octobre 1342, Jean de Marigni était de retour à Marmande où, ce jour là, il retint aux gages du roi, Gaston comte de Foix, avec cinq cents hommes d'armes et deux mille cinq cents sergents à pied. On retrouve encore l'évêque de Beauvais à Marmande le 22 Novembre de la même année (Dom Vaissète).

En 1345, Girard de Roussillon, sénéchal de Carcassonne, était en garnison à Marmande *(Ibidem)*.

Ce fut le 21 novembre 1345, comme M. Bertrandy l'a si bien démontré dans son *Etude sur les Chroniques de Froissard. Guerre de Guienne, lettres adressées à M. Léon Lacabane* (Bordeaux 1870, in-8°, p. 157), que fut signée la lettre de créance envoyée au roi de France, avec des députés, par les dix-sept villes de l'Agenais que voici : Agen, Condom, Marmande, Sainte-Foi, Penne, Puymirol, Villeneuve, Monflanquin, Tournon, Monclar, Monréal, le Port-Sainte-Marie, le Mas-d'Agenais, Castel-Seigneur (Cassenouil), Sainte-Livrade, Castel-Sagral et Valence ; lettre dont l'original est conservé aux archives de l'hôtel de ville d'Agen, et qui a été communiquée à M. Bertrandy par M. Ad. Magen.

Le 3 Juin 1348, dit encore M. Bertrandy *(ibidem* p. 166), le roi d'Angleterre adressa au trésorier d'Agenais, un mandement par lequel il lui ordonnait de permettre, à Marmande, au profit de Raymond de Pins, fils de feu Bernard de Pins, bourgeois de la Réole, et, après la mort dudit Raymond, au profit de son premier né, ou, à son défaut, au profit de son frère, ou, enfin, au profit du plus proche héritier mâle, la levée d'un certain droit sur chaque tonneau de vin passant devant Marmande, en descendant la Garonne. Ce droit avait été concédé par le comte de Derby, pendant sa lieutenance de roi en Guienne, à Raymond de Pins, en récompense de ses services, c'est-à-dire, vraisemblablement, pour la part qu'il avait prise à la soumission de la Réole, et aussi, très probablement pour l'encourager à hâter de tout son pouvoir la reddition de Marmande, attendu qu'au moment de la concession, Marmande, ainsi que le document a soin de l'indiquer, se trouvait encore entre les mains des Français (1). Or la concession ne devenant effectivement productive que dès l'instant où Marmande serait replacé sous la domination anglaise, Raymond de Pins avait tout intérêt à faire des efforts pour que ce changement s'opérât au plus tôt.

Amauri de Craon, lieutenant du roi en Languedoc, retint à

(1) Collection Bréquigny, vol. XVIII, p. 185.

Toulouse (Septembre 1352) Arnaud de Lomagne, chevalier Banneret, sire de Junac, pour la défense de Marmande, et Thibaut de Barbasan pour la défense de Condom. (Dom Vaissète).

Ce dut être vers cette époque, si défavorable aux armes françaises, que la ville de Marmande redevint anglaise. — Le 31 Mai 1354, la garde de la prévôté de cette ville fut confiée à Municot de France (*Rolles Gascons*, t. I, p. 131).

En Février 1362, un bail à nouveau fief d'un marais à Marmande fut passé dans l'hôtel de ville d'Agen pour le roi d'Angleterre en présence de noble et puissant Amanieu de Montpezat, chevalier, seigneur de Lusignan, sénéchal d'Agen, de Vital de Fumel, professeur ès-lois, juge-mage d'Agenais, etc. L'acte porte que le revenu de ce marais sera versé à Agen entre les mains du trésorier de l'Agenais (Labenazie, t. I, p. 186).

Le 15 Juillet 1363 prétèrent serment dans l'église Saint-André de Bordeaux, devant les commissaires du roi d'Angleterre, au nom de la ville de Marmande, les consuls Piers de Pilhers, Bertran Fasson, Vidal de Lacaustre, Bernard Lamic, et le procureur M. Raymond de Pons (*Collection générale des documents français qui se trouvent en Angleterre*, recueillis et publiés par Jules Delpit (1) 1847, 1 vol. in-4° p. 96) (2).

Voici quels furent, d'après le même recueil (p. 162) les divers revenus de Marmande pendant la période comprise entre 1363 et 1366:

	1363.64	1365	1366
Baillie	520 livres	420 l.	320 l.
Greffe de la Cour	18 l.	11 l.	10 l.
Pontonnage	41 l. 13 s. 4 d.	40 l.	45 l.
Moulin	40 l.	19 l.	10 l.
Gr^{fe}. de la c^{r}. du sén^{l}.	10 l.	10 l.	10 l.
Four	22 l.	30 l.	30 l.
Péage	3857 l. 6 s. 11 d.	1887 l. 18^{s} 8^{d}	2196 13^{s}

Le tome XXV de la collection déjà citée de Baluze contient (p. 201), sous la date évidemment fausse du 20 Février 1373, une copie horriblement corrompue d'un document que je mettrais

---

(1) Je ne puis citer le *précieux ouvrage de* mon ami M. Delpit, *sans rappeler* les grands éloges dont il a été honoré dans le *Journal des Savants* (juin 1847, pp. 379 et 380) et *sans m'associer au vœu ainsi exprimé par le rédacteur* de l'article (M. Mignet) : « Il est à désirer, dans l'intérêt des études historiques, que ce volume soit suivi d'autres volumes comprenant l'ensemble des documents français conservés dans les archives de la Grande-Bretagne. »

(2) La même année, le 4 août, à Sainte-Foi, eut lieu l'hommage de Guillem Raymond de Marmande, seigneur de Taillecavat, baron (*Ibidem*, p. 101).

volontiers en 1363. Voici ce que l'on peut à peu près sûrement en tirer : A l'hôtel Sabrie, près de la ville de Londres, en Angleterre, les très chrétiens et excellents princes Jean, par la grâce de Dieu, roi de France (1) et Edouard, par la grâce de Dieu roi d'Angleterre et duc d'Aquitaine, entendirent l'humble supplication de maistres Jean Escoulban et Guillaume Moustet, syndics de la ville de Marmande sur Garonne, du consentement des ducs d'Anjou, Berry et Auvergne, fils dudit roi de France, reconnurent qu'en retour des 4000 florins d'or et des 800 nobles reçus des habitants de Marmande par le roi d'Angleterre, Edouard avait approuvé et ratifié la donation et réunion à la ville de Marmande des château, seigneurie, baronnie, terre et juridiction de Gaujac sur la rivière de Garonne, au pays d'Agenais, joignant à la juridiction de Marmande, avec jouissance de tous les revenus et profits et de tous les droits de justice haute, moyenne et basse. Les mêmes princes accordèrent en même temps à la communauté, à titre de privilége perpétuel, le droit pour les consuls de porter des robes et chaperons de bon drap noir et rouge fourrés de martres, ainsi que le droit de juger toutes causes criminelles et civiles, avec confirmation de tous les autres priviléges précédemment octroyés à la même ville, que les consuls devront tenir fermée de bonnes murailles.

Vers 1369, année où la guerre recommença entre la France et l'Angleterre tant en Picardie qu'en Aquitaine, Arnauld Amanieu d'Albret (2) s'empara de Marmande, comme l'attestent des lettres de Charles V, qui, pour le récompenser, lui abandonna la ville conquise avec toutes ses appartenances, le tout valant quatre mille livres de rente, le roi se réservant la faculté de recouvrer ladite ville moyennant la somme de cent mille francs d'or une fois payée (Collection Doat, tomes CCXIX et CCXLI) (3).

(1) On sait que Jean II, dit le Bon, mourut en Angleterre le 8 avril 1364.

(2) Cet Arnauld Amanieu avait épousé, en 1368, Marguerite de Bourbon, sœur de la reine de France. Depuis son mariage il fut, avec le comte de Foix et le comte d'Armagnac, un des plus fermes soutiens de la cause française.

(3) Déjà en août 1363, Charles V ayant promis à son futur beau-frère de l'indemniser des mille livres sterling de rente que lui payait le roi d'Angleterre, et de lui faire compter annuellement six mille francs d'or, c'est-à-dire l'équivalent des mille livres sterling, lui avait donné à perpétuel héritage le château et la ville de Marmande qui produisaient bon an mal an les deux tiers de cette somme, l'autre tiers étant représenté par le revenu de diverses autres villes et de divers autres châteaux environnants. Le petit-fils d'Arnauld Amanieu prétendit, en octobre 1455, que jamais son grand-père n'avait eu Marmande en sa possession, et il réclama à Charles VII, pour les arrérages, l'énorme somme de 344,000 livres (Collection Doat, t. CCXIX).

En Septembre 1371, Charles V, étant au château de Vincennes, confirma des lettres de Louis, duc d'Anjou, son lieutenant en Languedoc, par lesquelles ce dernier avait assigné, en Avril 1369, à Anissans de Pins, seigneur de Taillebourg, une rente de 220 livres tournois qui lui avait été léguée par sa belle-mère, Jeanne de Périgord, dame de Lavardac, sur le péage de Marmande et dont il n'avait pu jouir encore, cette ville se trouvant sous la domination anglaise (Collection Doat, tome CXCVII) (1).

La bibliothèque nationale possède (Collection Clairambault) un inventaire manuscrit des registres du Trésor des Chartes, d'où j'extrais ces brèves indications :

« Hommage lige d'Arnauld Amanieu, seigneur d'Albret, rendu au roi pour la ville, le château et la châtellenie de Marmande, 4 Mars 1373.

» Remise de la ville, du château et de la châtellenie de Marmande au seigneur d'Albret à certaines conditions, Août 1473 (2). »

Des lettres de Charles VI, de Janvier 1380, confirmèrent les lettres de Charles V, ordonnant, de plus, de mettre Arnauld Amanieu d'Albret en possession de la ville de Marmande.

En 1383, le château de Marmande est confié, avec le péage du lieu, à Bernard de Lesparre, seigneur de Labardos (*Rolles Gascons*, tome I, p. 172),

La ville de Marmande est nommée parmi les lieux qui doivent être respectés pendant la trêve conclue, le 19 Mai 1383, entre le roi d'Angleterre et le sire d'Albret (*Archives historiques du département de la Gironde*, tome III, p. 281).

En Août 1386, Jean, duc de Normandie, étant à Agen, confirma les priviléges de Marmande, louant l'obéissance et la fidélité des consuls et des habitants, et constatant les dépenses considérables faites par eux pour fortifier cette ville. (Collection Baluze, tome XXV, p. 197).

Ici doit trouver place l'analyse donnée par M. Jules Delpit, dans le tome V des *Archives historiques de la Gironde*, (p. 187-194) des *Statuts et établissements de la ville de Marmande*, recueillis à la fin du XIVe siècle, comme nous l'apprennent les deux

(1) M. de Courcelles (*Histoire généalogique des Pairs de France*, etc., t. VII) ajoute que ceci fut encore confirmé par des lettres du roi Charles VI, du 9 juillet 1395, en faveur des héritiers d'Anissans de Pins.

(2) Il convient de rapprocher de ces deux citations une citation plus développée, mais plus confuse, de l'inventaire du Trésor des Chartes, tirée de la Collection Dupuy, par M. E. Croset (*Recueil des travaux de la Société d'Agen*, 2me série, t. I, p. 205).

premières lignes de cet important document : Asso son los establimens de la vila de Marmanda, los cals an feyt far e escriure Jacme de Lacruizea e Grimonet Pelicey, l'an M.CCCC.XC.VI (1).

1. Poids du pain, selon le prix du froment, depuis 4 sous le quart jusqu'à 40 sous (2)

2. Poids de différentes métures, depuis le prix de 40 sous jusqu'à 20 sous.

3. Amende contre les boulangers qui font le pain d'un poids inférieur à celui du cours du blé (3).

4. Amende contre ceux qui, pendant les chaleurs, vendent le pain sans l'envelopper (4).

5. Amende contre les femmes qui filent en vendant du pain et des fruits.

6. Amende contre ceux qui vendront : chevreaux, agneaux, porcelets ou bêtes sauvages ailleurs qu'au marché, dans le carrefour, autour du pilier ou sur le pont.

7. Amende aux revendeurs qui achèteront : noix, huile ou comestibles, au marché ou ailleurs, avant une certaine heure, et qui ne céderont pas aux habitants leur provision au prix coûtant.

8. Permission de vendre du pain sous les auvents de certaines rues, en payant une redevance d'une maille par jour au propriétaire.

9. Défense d'entrer dans le champ d'autrui, sous prétexte d'y moissonner, pour y prendre fèves, légumes, verjus, raisins, etc.

10. Défense, sous peine de 65 sous d'amende, partageables entre le roi, la ville et le dénonciateur, d'acheter du blé nouveau avant un mois, à moins que ce ne soit pour un usage personnel, et pour semer ou pour faire du pain à vendre dans la ville.

11. Défense de faire sortir du blé de la ville.

---

(1) Qu'il me soit permis de remercier ici M. Gustave de Colombet d'avoir bien voulu me confier et me permettre de confier à la Société des Archives historiques le précieux manuscrit des *Statuts et Etablissements de la ville de Marmande.*

(2) Suivant ce tableau régulateur, quand le *quartal* de froment (quarton, quart du sac) était à 4 sous, le pain de 1 denier devait peser 40 onces, et quand la même mesure était à 40 sous, le pain du même prix devait peser 4 onces.

(3) L'amende est de 5 sous et le pain sera confisqué au profit des pauvres *(donat per amor de Diu).*

(4) J'ai cité cet article, ainsi que les articles 5, 45, 51 à 57, 67 à 75, etc., dans la *Revue des questions historiques* de juillet 1867, pour prouver, contre un paradoxe de M. Taine, que la propreté n'a pas été inconnue au moyen-âge.

12. Les vendeurs de blé sont responsables, pendant 8 jours, du droit de vente qui appartient à la ville.

13. Tout mesureur qui se sera approprié le droit de mesurage, qui appartient à la ville, sera interdit pendant un an.

14. Quiconque vend du blé dans la ville ou dans la juridiction paie le droit de mesurage à la ville, et quiconque, sachant que ce droit n'est pas payé, ne le déclare pas, est passible de la même amende.

15. Le blé vendu doit être mesuré à mesure rase.

16. Il est défendu d'apporter aucune mesure, ni aucun drap pour étendre sous la mesure, dans la bladerie.

17. Défense de prendre verjus, raisins, fèves, pois, ni autres grains, sous peine de 65 sous d'amende, partagés entre le roi, la ville et le dénonciateur. Si le coupable ne peut payer, il passera un jour au pilori.

18. Défense de mener paître les bestiaux dans les champs pendant tout un jour après que les blés en sont sortis, afin que les moissonneurs et autres gens y puissent glaner.

19. Tout porteur de denrées sera obligé de dire aux consuls d'où elles lui viennent, et si elles ne lui appartiennent pas, il paiera cinq sous d'amende, rendra le double au volé, ou passera une journée au pilori.

20. Défense de frauder le vin vendu à taverne ou autrement, sous peine de 65 sous d'amende, d'effusion du vin, de brûlement des futailles et de prohibition de vendre du vin pendant un an. La même peine sera appliquée à ceux qui, ayant déjà falsifié leurs vins, essaieraient de les vendre.

21. Toute personne qui connaîtra des fraudes est obligée de les dénoncer, sous peine de 10 sous d'amende.

22. Défense à tout épicier ou boutiquier, sous peine de 65 sous d'amende pour chaque récidive, et sans rémission, de vendre aucune drogue pour falsifier le vin.

23. Les vins destinés à être vendus doivent être certifiés venir des vignes des bourgeois, sous peine de 20 sous d'amende.

24. Aussitôt que le couvre-feu sonnera, les taverniers doivent avertir tous ceux qui sont à boire de se retirer, sous peine de 5 sous d'amende. Si le tavernier ne les a pas avertis, ce sera lui qui paiera l'amende. Après le couvre-feu, personne ne peut rester à boire dans ou autour de la taverne, à moins que ce ne soit un ouvrier attardé, et seulement le temps qu'il lui faut pour boire le vin dont il a besoin raisonnablement, ou que ce soit un invité du tavernier.

25. Le tavernier qui ne se sera pas fait donner le prix du vin consommé ou un gage valant un tiers en sus, paiera 5 sous

d'amende, ainsi que celui qui n'aura ni payé ni donné de gage. Si le débiteur s'échappe, le tavernier pourra l'arrêter là où il l'attrapera.

26. Le tavernier ne pourra vendre le gage qu'il aura pris qu'après neuf jours; les autres habitants doivent le garder un mois, en prévenir le propriétaire et lui rendre le surplus.

27. Défense de briser ou d'emporter, dans les tavernes, hanaps et *pichés*, et de voler du vin, sous peine de 5 sous d'amende. Dans ce cas, le tavernier peut enfermer le délinquant, de sa propre autorité, dans la taverne ou ailleurs, sans autre dommage ou amende. Le tavernier en sera cru sur son serment. Le voleur qui ne pourra payer passera un jour au pilori.

28. Comme plusieurs achètent des vins en diverses saisons pour les vendre à taverne, ce qui nuit aux taverniers, il a été établi qu'on ne pourra en acheter que pendant les vendanges, et cela pour éviter de grands inconvénients. Cependant, comme quelquefois un emprunteur, ne pouvant trouver de l'argent, trouve à acheter du vin à terme, dans ce cas, en expliquant la chose au conseil, il pourra être autorisé à vendre ce vin à taverne. Le conseil pourra aussi accorder cette permission aux marchands qui ont acheté du vin dans l'espérance de l'expédier, et qui en ont été empêchés, pourvu que ces vins soient des vins des bourgeois de Marmande.

29. Défense, sous la même peine que dessus, aux habitants et aux taverniers de vendre ou d'acheter du vin pour le vendre en taverne ou le prêter.

30. Confirmation de l'amende et de la confiscation établies contre ceux qui vendent à Marmande du vin qui n'est pas récolté dans les vignes des bourgeois ou dans les vignes qui paient des droits à la ville.

31. Tout acheteur de vin doit, s'il le veut, tenir la mesure, que le tavernier remplit, sous peine de 5 sous d'amende; et, dans ce cas, l'acheteur, s'il est digne de foi, en sera cru sur son serment.

32, 33. (Pour ces articles voir plus haut à l'année 1339).

34. Le conseil ordonne que chaque futaille de vin vendu à taverne paiera la redevance établie tant qu'il n'y aura pas plus de quatre pouces de vide; quand il y en aura plus, il en sera tenu compte, pourvu que le vide ait été constaté avant la vente.

35. L'impôt sur le vin vendu est dû le lendemain de la vente.

36. Aucune diminution n'est accordée pour les futailles resserrées ou plus petites.

37. Une pipe de plus de deux mesurées paiera comme un demi-tonneau; si elle n'a que deux mesurées, comme un tiers de tonneau.

38. Dès le lendemain du jour où quelqu'un aura établi une taverne, nul ne pourra en établir une autre à côté, sans laisser un intervalle de dix maisons, sous peine de 5 sous d'amende.

39. Les bouchers seront tenus de faire six portions des quartiers de bœuf ou de vache, sans les peser, et ils ne pourront détailler ces morceaux, à moins que quelqu'un ne le leur demande. Les porcs du prix de 15 sous, et au dessous, seront divisés en huit portions, et au dessus, en cinq portions; les quartiers de mouton, en trois portions, etc., sous peine de confiscation de la viande et de 5 sous d'amende. Le conseil préposera un garde qui vérifiera la chose une fois par semaine, et plus, si cela est nécessaire.

40. Les viandes seront vendues sous le couvert de la maison des bouchers, et non ailleurs, excepté la nuit.

41. Si quelqu'un dépose quelque ordure dans les maisons des bouchers, le conseil pourra faire une enquête chez les voisins et faire payer l'amende à ces derniers.

42. Amende de 5 sous et confiscation des viandes de boucs, chèvres, truies et brebis, vendues ailleurs que dans deux localités hors des murs (1).

43. 65 sous d'amende et interdiction pendant un an et un mois du banc où on aura vendu de la chair d'animaux blessés, meurtris, vieux, etc. Celui qui oserait vendre de la chair d'un animal mort de maladie ou d'une piqûre sera livré à la merci du seigneur et du conseil.

44. Les porcs ou truies ladres, et les autres viandes malsaines, ne seront vendus que dans un quartier, et les bouchers seront tenus d'en prévenir les acheteurs. Le conseil pourra s'en rapporter, contre les bouchers, au témoignage de tout bourgeois de bonne renommée.

45. Défense d'écorcher aucun animal dans les rues, sur les chemins, sur une certaine partie des bords de la Garonne (2), et partout où la mauvaise odeur peut se sentir; il est aussi défendu de laver les boyaux, etc.

46. Les pêcheurs doivent porter au moins la moitié du poisson sans écailles aux bancs et les mettre en vente jusqu'à midi. Pour les lamproies, ils doivent en avoir au moins douze pour pouvoir en porter six aux bancs.

47. Les pêcheurs jureront que tout le poisson à écailles qu'ils

(1) Ces deux localités alors hors des murs étaient le quartier de Puy-Guiraud et le quartier de l'Estang, *al cartey de Puch Guiraut, al cartey de Lestanc.*

(2) Depuis l'embouchure du ruisseau (*Coral*) jusqu'au moulin du Roi.

prendront dans les eaux de la ville sera d'abord porté aux bancs.

48. Aucun habitant ne se chargera de vendre ou de faire vendre du poisson.

49. Si un étranger porte du poisson à détailler, qu'il le coupe, s'il sait, et le vende, mais qu'il ne se fasse aider par personne, sous peine d'amende, à moins qu'il ose jurer qu'il ne connaît pas le statut de la ville.

50. Il est défendu de déposer, pendant le jour, du poisson dans la ville, excepté sur les bancs des bouchers.

51. Il est défendu de déposer des cuirs dans la ville.

52. Les savetiers, corroyeurs et autres ouvriers en cuirs, ne doivent faire entrer en ville que les cuirs destinés à être mis en œuvre immédiatement.

53. Défense de tenir dans les rues, sur les ponts, ou dans l'intérieur des palissades, des peaux non préparées.

54. Nul ne pourra introduire en ville une peau d'animal mort de maladie que pour être portée sur les bords du marais du roi, dans l'enceinte fermée et enveloppée, de manière que personne ne puisse en sentir l'odeur.

55. Comme les choses corrompues corrompent et empoisonnent l'air, et que l'air empoisonné peut empoisonner et faire périr les personnes, il n'est permis d'apporter en ville les peaux des bêtes mortes de maladies que le temps nécessaire pour les vendre. Il est également ordonné d'enterrer immédiatement les bêtes mortes de maladies ou autrement.

56. Il est défendu de préparer les peaux partout où leur mauvaise odeur peut se faire sentir.

57. Il est défendu de laver les entrailles des animaux aux Neuf Fontaines (1), dans les lavoirs, et nulle part entre le pont et le Falguar.

58. Défense d'ouvrir les magasins et ateliers les dimanches et fêtes, excepté une fenêtre pour y voir. Il est aussi défendu de rien mettre à l'encan.

59. Les propriétaires des moulins doivent faire moudre au douzième, et rendre le même poids de farine qu'ils ont reçu de grain.

60. Les meuniers doivent prendre le blé au poids, ils ne peuvent moudre pour personne tant qu'ils ont du blé des habitants de la ville, et ils doivent servir chacun par rang de réception. Nul ne doit leur porter du blé que les gabariers désignés. Les meuniers prêteront serment et ne se feront aider par aucune femme.

(1) Source intarissable qui, aujourd'hui comme au XIVe siècle, jaillit par neuf tuyaux toujours pleins.

61. Les ouvriers en cire, soumis au serment, ne doivent faire aucun mélange avec la cire. La mèche, de fil cuit, doit être d'un cinquième.

62. Les tailleurs sont astreints à un serment annuel.

63. Fixation des prix que doivent prendre les tondeurs de drap.

64. Les charpentiers de barriques, soumis au serment, sont responsables de la jauge, du coulage, etc.

65. Les tisserands, assermentés, doivent prendre le fil et rendre la toile au poids et à la mesure de Marmande.

66. Il est défendu aux tisserands d'avoir des poids chez eux.

67. Défense de laver les lessives, etc., aux Neuf-Fontaines et à Donzac; d'y abreuver les bestiaux, et d'y mettre tremper cercles, vimes, etc.

68. Défense de mettre tremper chanvre, lin, etc., dans les eaux des remparts et dans l'endroit où abordent les *coureaux du Toron* jusqu'au *Pès*.

69. Défense de jeter aucune eau fétide dans les ruisseaux des rues et de l'Étang, jusqu'à la *Porte de l'Abbé* (1).

70. Défense à tout individu âgé de sept ans de déposer dans les rues ordures, pailles ou balayures.

71. Ordre à tout propriétaire de balayer le devant de sa maison tous les samedis, et de débarrasser la rue (2).

72. Défense de mettre dans les rues de la paille pour la faire pourrir.

73. Défense de jeter des charognes, de la paille, etc, entre les palissades qui entourent la ville, dans les fossés ou dans les barbacanes. Il est aussi défendu d'y prendre de la terre, du sable ou du gravier.

74. Défense de déposer du foin dans certaines rues pendant plus d'un jour, et de le transporter sans le couvrir d'un drap.

75. Les propriétaires, dans les principales rues, doivent faire récurer les ruisseaux de ces rues quatre fois par an.

76. Défense de laisser plus d'un jour aucune espèce de bois dans les rues, à moins que ce ne soit pour bâtir.

77. Défense de bâtir terrasses ou maçonneries en saillie au-dessus des ruisseaux des rues, excepté pour soutenir les *auvents* des maisons.

---

(1) Il y a encore à Marmande une rue appelée rue de l'Abat. C'est la première rue transversale que l'on trouve en entrant dans la ville, quand on vient de Tonneins.

(2) Depuis la porte de l'Eglise jusqu'à la porte de l'Estang, et depuis la porte de la Mar jusqu'à la porte de Puy-Guiraud.

78. Défense expresse de faire pacager le bétail dans les retranchements qui sont autour de la ville.

79. Défense à qui que ce soit de garder ou faire garder les bestiaux d'autrui, si ce n'est par le gardien commun des porcs et des brebis.

80. Il est permis d'établir des gardiens communs dans chaque quartier de la ville; mais chaque gardien ne pourra garder que 40 porcs ou 60 brebis.

81. Le gardien d'un maître ne peut garder les bestiaux d'un autre.

82. Fixation de l'amende encourue par chaque espèce de bétail trouvée dans un jardin. Néanmoins, le propriétaire a toujours le droit de tuer la bête.

83. Amende encourue par ceux qui enlèvent les clôtures dans les jardins ou dans la ville.

84, 85, 86 et 87. Amendes encourues pour les bêtes trouvées, de jour ou de nuit, dans les vignes, aubarèdes, vimières, etc., le dommage payé au quadruple, selon la coutume.

88. Plusieurs malfaiteurs ayant fauché en partie des prairies avant que l'herbe fût mûre, il est défendu de faucher avant la fenaison générale.

89. Défense de vendre de l'herbe dans la ville, si l'on ne peut montrer la prairie où elle a été prise.

90. Amendes contre ceux qui scient ou fauchent les blés ou les prés d'autrui.

91. Les boucs et les chèvres doivent être chassés de la ville et de certaines localités désignées, dans huit jours, à moins que ce ne soit, après déclaration, pour nourrir un enfant ou un malade; et, passé ce terme, quiconque trouvera une chèvre dans certaines limites pourra la tuer.

92 et 93. Il n'est permis d'emporter échalas et sarments de sa vigne que deux jours par semaine, après en avoir obtenu l'autorisation.

94. Depuis peu, quelques personnes ont commencé à donner à manger et à boire aux ouvriers qu'ils emploient aux travaux de leurs vignes, ce qui cause un grand préjudice à la ville, parce que les ouvriers ne veulent plus travailler que pour ceux qui leur donnent du meilleur vin; il est expressément défendu de donner à manger et à boire aux ouvriers des vignes et des terres, excepté pendant les vendanges.

95. De deux en deux maisons, il doit y avoir dans la rue un tonneau *(vaysset)* plein d'eau, renouvelée une fois par semaine (1).

(1) M. J. Delpit a cité en note sous cet article (p. 233) un registre de la

96. Défense de prendre du bois dans les bois d'autrui.

97 et 98. Amendes diverses pour ceux qui entrent, de jour ou de nuit, dans des jardins ouverts ou fermés, et y commettent des dégâts.

99 et 100. (Répétition des articles 84, 85, 86 et 87.)

101. Défense de laisser les bœufs et les vaches, la nuit, en dehors des portes.

102. Formalités pour donner une garantie.

103, 104, 105 et 106. Formalités à remplir contre les délinquants.

107. Tout habitant de la ville, portant plainte devant les consuls, doit être cru sur sa parole.

108. Tout habitant peut être requis, une fois tous les huit jours, d'aller estimer un dommage.

109. Tout habitant cité par le Conseil est tenu de comparaître.

110. Si un étranger intente une action contre un bourgeois, le Conseil est obligé d'examiner l'affaire, et, si elle lui paraît juste, d'en payer les frais.

111. Tout habitant mandé par le Conseil pour aller devant un juge soutenir les droits de la ville ou d'un particulier, est tenu d'y aller.

112. Tout homme en état de porter les armes ne doit pas s'absenter la nuit sans autorisation, sous peine de perdre ses droits de bourgeoisie ou d'être banni pendant un an, et défense, sous peine d'amende, de faire sortir des armes de la ville.

113. Le Conseil peut augmenter ou diminuer les peines portées par les statuts.

114, 115, 116, 117 et 118. Amende contre les gahets qui entrent en ville sans une marque de drap rouge; ne se rangent pas sur la route; marchent pieds nus; achètent ou vendent du vin en taverne, boivent aux fontaines, font de l'huile de noix, etc. (1).

Le 14 Décembre 1401, le roi d'Angleterre autorisa Bernard de Lesparre à percevoir les droits accoutumés dans la ville d'Aiguillon, jusqu'à ce que la ville de Marmande fût retournée en l'obéissance dudit roi (*Rolles gascons*, t. I, p. 188).

---

mairie de Londres qui contient une ordonnance de 1376, enjoignant à chaque citoyen de tenir devant sa maison un grand *keve* plein d'eau, afin que *péril de feu n'aviegne, come anciennement estoit usé.*

(1) L'article 118 permet seulement à ces malheureux de se tenir les jours de fêtes et le lundi matin devant l'église des Frères Mineurs, là où l'on a l'ancienne habitude de tolérer leur présence, vers le fossé.

En Décembre 1414, Charles VI exempta les habitants de Marmande du péage et des autres impôts dont étaient exempts déjà les habitants d'Agen, de Condom et de Villeneuve (*Ordonnances des rois de France*, t. x, p. 226, d'après le registre 168 du *Trésor des Chartes*, pièce 127). Les éditeurs de ce volume (Villevault et Bréquigny) ont ainsi résumé les lettres de Charles VI en faveur de Marmande : « Cette ville ayant donné des preuves distinguées de fidélité, soit en résistant aux efforts des Anglais, maîtres alors d'une grande partie de la Guyenne, soit même en faisant fréquemment marcher contre eux des partis qui les inquiétaient sans cesse, Charles VI, voulant d'ailleurs la dédommager des pertes qu'elle avait souffertes à l'occasion de ces guerres, et la mettre en état d'entretenir ses fortifications qui avaient besoin d'être réparées, considérant que les villes voisines, Condom, Agen et Villeneuve étaient exemptes de tous péages sur les terres de France, quoiqu'elles fussent moins à portée des ennemis, et qu'elles en eussent moins souffert, lui accorda les mêmes exemptions.

Labenazie nous dit (t. I, p. 194), que la ville de Marmande fut assiégée par les Anglais l'an 1423, mais qu'ils ne purent la prendre. Labenazie avait mal lu, en ce qui regarde la date de ce siége, le texte de Jean Darnalt (*Remonstrance ou harangue solemnelle, faicte en la cour de la séneschaucée et siége présidial d'Agenois*, etc., Paris, 1606). Voici ce que rapporte (f° 99) le trop enthousiaste panégyriste de Marguerite de Valois : « En l'an mil quatre cents vingt quatre, le captal de Buch, le sénéchal de Bordeaux, Favas (1), Beauchamps et autres Anglois assiégèrent Marmande. Pour la recommandation de laquelle nous dirons en ce lieu par occasion qu'elle fut réédifiée du temps et par l'ayde d'Alfonse cy dessus mentionné, comte de Poictiers et de Tholose... N'y pouvant rien faire cinq ou six jours après levèrent le siége. »

Labenazie écrit (p. 195) sous l'année 1427 : « Les Anglais, pour réparer cette perte (celle de Castelmoron) surprirent Marmande, mais ils ne la gardèrent pas longtemps. Les seigneurs d'Albret et de Montpezat la reprirent sur eux. » Darnalt avait dit (f° 100) : « La mesme année (1427) Marmande fut prinse par trahison, par les Anglois en nombre de deux mil hommes. Laquelle fut reprinse après par les seigneurs d'Albret, de Monpezat et autres. »

Les Anglais, continue Labenazie (*ibidem*), s'opiniâtrèrent à avoir Marmande; ils la prirent enfin sur les Français l'an 1428.

(1) Menaud de Favas qui, en 1423, s'empara des fauxbourgs de Bazas et obligea ainsi la ville à se rendre (Darnalt, f° 99).

La garnison se retira au château où le jeune Favol et Bernard de Sainte-Marie, après avoir soutenu vigoureusement les efforts des Anglais, furent obligés de se retirer à composition. » Ici encore Labenazie n'a pas exactement copié Darnalt (f° 100) : « L'année suivante mil quatre cents vingt huict, Marmande fust reprinse par les Anglois sur la pointe du jour, ayant trouvé la porte ouverte : la garnison que le seigneur de Monpesat gouverneur d'icelle y avoit laissé se retira dans le chasteau où estoit Petit de Favols, et Bernard de Saincte Marie, qui se rendirent à composition. » On voit que Labenazie a pris un nom propre pour un nom commun, en appelant *jeune* Favol, comme s'il y avait eu le *petit* Favol, un capitaine qui s'appelait *Petit* de Favols.

Le 3 Juillet 1436, le roi d'Angleterre nomma Berard de Montferrand, seigneur de Gassac, capitaine du château et de la ville de Marmande (*Rolles gascons*, t. 1, p. 217).

Dans un livre que j'ai eu le plaisir de beaucoup louer (1), *Histoire de la conquête de la Guyenne par les Français* (Bordeaux, 1866, in-8°), M. Henry Ribadieu nous montre (p. 159) l'armée française envahissant l'Agenais en 1442, et de la fin d'Août à la fin de septembre, prenant par assaut ou par capitulation Caumont, Marmande, Sainte-Bazeille, Meilhan, Mauvezin, Langon, etc. (2). « Toutes ces villes, situées sur la Garonne ou près de la Garonne, ajoute l'habile historien, livraient à Charles VII le cours de ce fleuve jusqu'à Saint-Macaire. Le sire de Roquetaillade, effrayé de la marche du roi de France, alla lui porter, à Marmande, les clefs de son château, gros donjon entouré de tours, qui défendait le pays des Landes entre Bazas et Langon (3) (Berry, édition Godefroy, p. 422). »

---

(1) *Revue critique d'histoire et de littérature* du 21 juillet 1866, p. 41-43.

(2) M. Ribadieu emprunte ces renseignements, avec beaucoup d'autres renseignements non moins précieux, à la relation du voyage à Bordeaux de l'évêque Thomas Beckington en 1443, relation qui a paru en anglais par les soins de M. N. Harris Nicolas (1828) et qui a été traduite librement en français par M. Gustave Brunet, sous le titre de *Journal du voyage d'un ambassadeur anglais à Bordeaux en* 1443. J'ai proposé, dans un opuscule intitulé : *De la fondation de la Société des Bibliophiles de Guyenne* (1866, p. 18), la réimpression du texte original qui est conservé à Oxfort, et j'espère que mon vœu sera prochainement exaucé.

(3) Voir une bien remarquable description du château de Roquetaillade dans la *Guienne militaire* de M. Leo Drouyn (t. I, p. 1-46). J'ai rendu compte de ce beau livre dans la *Revue d'Aquitaine* de mai 1865, p. 509-526. Monstrelet (édition de M. Douët-d'Arcq, t. VI, 1862, p. 55) dit qu'après avoir reçu la soumission du « Seigneur de Rochetaillade », Charles VII alla « devers Mar-

D'après le *Catalogue des actes de Charles VII*, que le savant rédacteur en chef de la *Revue des questions historiques*, M. G. de Beaucourt, prépare avec un soin infini et dont il m'a bien amicalement donné communication, le roi était déjà à Marmande le 24 Septembre, et sa présence a pu y être constatée encore le 2 Octobre, le 14 Octobre, le 5 Novembre (ce qui avait été déjà noté dans les *Pièces fugitives* du Mis d'Aubais, p. 94), enfin le 1er Décembre. Charles VII s'arrêta donc, non pas « quinze jours » à Marmande, comme l'avance M. Ducourneau (p. 89 de l'ouvrage déjà cité), mais bien plus de deux mois. Je ne sais où M. Ducourneau a trouvé ce qui suit (même page) : « Ce fut pendant ce voyage que, touché de l'accueil qui lui fut fait, et cédant sans doute à de pressantes sollicitations, Charles VII érigea Marmande en évêché, mais l'archevêque d'Auch (1) ne put voir un nouveau siége épiscopal, de création toute royale, s'élever ainsi sous ses yeux. Il réclama; la Cour de Rome prit l'alarme, et le monarque, dans la crainte de voir se renouveler une lutte analogue à celle qu'avait jadis excitée la création d'un évêché de Pamiers, ne fit rien pour maintenir cette élection. » Ni le *Gallia Christiana*, ni les historiens de l'Agenais, ni les historiens de Charles VII (notamment M. Vallet de Viriville) ne disent le moindre mot de cet incident (2).

Le XIVe volume des *Ordonnances des rois de France* contient (p. 135) des lettres de Charles VII par lesquelles il ratifie, à Lésignan, le 16 Juin 1451, le traité fait à Marmande, le 8 du même mois, entre le comte d'Armagnac, lieutenant du roi en Guienne, et Mérit de Durfort, pour la soumission des ville et château de Duras, et par lesquelles il confirme les libertés, franchises et coutumes des habitants.

---

mande, laquelle se rendi à luy. » Monstrelet n'a pas dû être aussi bien informé que Jacques le Bouvier dit Berry. Scipion du Pleix affirme, comme le premier héraut d'armes de Charles VII, que le roi reçut à Marmande la soumission du seigneur de Roquetaillade, en même temps que celle du seigneur de Lamothe, pendant que les châteaux de Mauvezin et de Meilhan se rendaient au vicomte de Lomagne.

(1) Philippe II de Levis (1415-1450).

(2) Un des vicaires généraux de Mgr l'archevêque d'Auch, M. l'abbé Canéto, que j'avais consulté sur l'assertion de M. Ducourneau, a bien voulu me répondre : « Je ne sais rien de l'évêché de Marmande, si ce n'est que Philippe de Levis n'avait ni intérêt, ni raison, sous Charles VII, de contrarier les vues de ce monarque. Quant au motif allégué par M. Ducourneau, on en voudrait lire la preuve. (Voir *Revue de Gascogne* de décembre 1869, p. 558, et de mars 1870, p. 148.)

On a publié dans le tome v de la seconde série de la *Bibliothèque de l'Ecole des Chartes* (p. 372-376), sous le titre d'*Exécution faite à Marmande de plusieurs femmes accusées de sorcellerie* (1453), un récit très curieux dont les éléments ont été fournis par une lettre de rémission extraite du Trésor des Chartes. Cette lettre de rémission fut accordée, en 1457, à deux consuls de Marmande (Jehan de Sompère et Jehan de Guinchon, tous les deux marchands), qui, « par leur faiblesse et leur couardise, avaient laissé s'accomplir sous leurs yeux quelques uns de ces actes de férocité populaire, trop communs alors. » En 1453, une épidémie sévissait à Marmande. On rendit responsables de la violence du fléau douze femmes qui passaient pour sorcières, et notamment Jeanne Canay et Perome de Benville. Ces malheureuses furent arrêtées. Deux ou trois cents personnes se rassemblèrent au prieuré de la ville pour délibérer sur leur sort, il fut décidé qu'on les mettrait à la question. Trois d'entre elles avouèrent, au milieu d'affreuses tortures, qu'elles étaient sorcières et qu'elles avaient fait mourir plusieurs enfants. La plupart des prétendues magiciennes furent brûlées. Les deux consuls qui n'avaient pas eu le courage de lutter contre la superstitieuse fureur de la multitude, furent ajournés devant le sénéchal d'Agen; on instruisit leur procès, et provisoirement leurs biens furent saisis. Heureusement pour eux, Charles VII, usant de ce droit de grâce dont les registres du Trésor des Chartes nous ont conservé de si nombreuses applications, leur accorda des lettres qui firent abandonner toutes les poursuites commencées (1).

Louis XI, étant à Bordeaux, confirma (Avril 1461) les établissements, franchises, libertés, coutumes et usages de la ville de Marmande (*Ordonnances des rois de France*, tome xv, p. 441. — Trésor des Chartes, registre 198, pièce 303).

En vertu de lettres patentes données à Saint-Jean-d'Angely le 7 Octobre 1469 par Charles, fils et frère du roi de France, duc de Guyenne, comte de Saintonge et seigneur de la Rochelle, citées par Labenazie (tome I, p. 209), d'après l'original qui était dans les Archives de Marmande, Pierre Morin, son trésorier général, Jacques Berziau, maître de ses comptes, et Bernard de Gots, lieutenant du sénéchal d'Agenais et de Gascogne, furent

(1) Voir pour divers procès de sorcellérie, dirigés tous contre des femmes de la sénéchaussée d'Agenais, en 1611, l'*Inventaire-Sommaire des Archives départementales de Lot-et-Garonne*, rédigé par M. Busvieux, seconde livraison, 1865, p. 79-80. Ici ce n'est plus la populace en délire, c'est la magistrature qui met à mort de pauvres femmes !

chargés du recouvrement des terres, places, seigneuries, droits et devoirs indûment occupés et détenus dans l'Agenais par plusieurs nobles et gens d'église. Les commissaires chargés de rechercher l'ancien domaine, ajoute Labenazie (p. 210), procédèrent pour les limites de Marmande contre le sieur Ferran, seigneur de Mauvesin, et contre le seigneur de Lauzun et de Virazeil.

On trouvera dans le tome v (p. 339-376) de ces *Archives historiques de la Gironde* qui fourniront tant et de si précieux matériaux aux futurs annalistes, les procès-verbaux de la réintégration des terres usurpées sur le domaine du duc de Guyenne. Voici l'analyse de ces importants documents qui ont été communiqués par M. Jules de Laffore : « Le 11 Janvier 1470, Jean de Montravel (1) partit du Mas-d'Agenais, se rendit à Marmande, y fit assembler les consuls, et assisté de Jean de Fonpeyre, substitut du procureur ducal, il leur demanda de faire connaître les usurpations qui pouvaient être venues à leur connaissance. Ceux-ci déclarèrent que noble Jehan Ferrant, seigneur de Mauvesin et d'Escassefort, avait usurpé plusieurs droits qui appartenaient au duc, dans les environs de Marmande, de même qu'un nommé Jamet de Landeroat, les seigneurs de Sainte-Bazeille, de Virazeil, de Caumont, et Arnaud Guillaume de Vignollès, capitaine de Meilhan. Le 14 Janvier, jour de dimanche, le peuple étant assemblé dans l'église, J. de Montravel y lut les lettres de commission, traduites en langue du pays, et il fut convenu que le commissaire subrogé se rendrait le lendemain sur les limites des juridictions de Marmande et de Virazeil... Le lendemain 15 Janvier, sur la requête de J. de Fontpeyre, le commissaire se rendit, accompagné de 400 habitants de Marmande, de deux notaires (2) et d'un sergent ducal, sur les limites d'Escassefort et de Mauvesin, et là, fit apposer, dans les lieux les plus apparents, les écussons du duc de Guyenne, et y fit tenir une cour publique par les consuls de Marmande. Personne ne s'y opposa, excepté un prêtre qui ne voulut ni dire son nom, ni montrer la procuration du seigneur de Mauvesin. — Le mardi 16 Janvier, au pont de Mauvesin, sur la Gupie, le commissaire trouva Jean Ferrant,

(1) Les trois commissaires, étant à Lectoure, avaient subrogé à leurs droits Jean de Montravel, écuyer, receveur ordinaire de la sénéchaussée d'Agenais, et Bobert de Balzac, seigneur de Rieumartin, avait rendu cette subrogation obligatoire, en délivrant à Jean de Montravel des lettres de *pareatis*. Le Jacques Berziau de Labenazie devient Jacques de Berzian dans les *Archives de la Gironde* (p. 339), et encore Jacques Verzian (p. 363).

(2) Ces deux notaires étaient Pierre de la Mollière et Jehan de Saultz.

seigneur de Mauvesin, qui présenta plusieurs actes qui n'avaient aucun rapport à la question des limites, et néanmoins obtint un ajournement devant la chambre des comptes à Bordeaux. Du pont de Mauvesin, le commissaire se rendit au pont de Castelnau (1) et de là à l'ancienne mothe de Castelnau (2), sous un grand chêne, où il fit apposer un écusson ducal ; il mit aussi en la main du duc un petit château appelé Casteleu, dont s'était emparé Jamet de Landeroat (3). L'assemblée se rendit ensuite sous les vignes de Marmande, où il y eut grande altercation avec les habitants d'en bas, et le commissaire ne put rien terminer. Le 18 Janvier, comme M. de Lauzun, à cause de la juridiction de Virazeil, faisait constamment des usurpations sur la juridiction de Marmande, le commissaire envoya le sergent ducal, accompagné de vingt habitants de Marmande, s'emparer des pourceaux que le seigneur de Lauzun faisait induement garder dans ces localités (4). Le 19, le commissaire, après avoir fait assigner les habitants de Marmande, de Virazeil et d'Escassefort, se rendit au carrefour appelé au Cassecofaure ; il y trouva M. de Lauzun, accompagné de cinq ou six hommes à cheval, et qui fit tous ses efforts pour empêcher la déposition des témoins, il s'emportait, menaçait tout le monde, et essaya même d'enlever le commis-

(1) Le rédacteur du procès-verbal a soin de nous apprendre que c'était un pont de pierre.

(2) « La Mothe où anciennement estoit le chastel dudict Castelnau. » Le procès-verbal mentionne aussi l'église de Castelnau, « laquelle estoit de belles meurailles bien entierres. »

(3) C'était un gentilhomme de Sainte-Bazeille.

(4) Ceci est une méprise. Au seigneur de Lauzun il faut substituer le seigneur de Mauvezin. Voici, du reste, le récit de cette pittoresque chasse aux pourceaux : « Vint à ma notice que aucuns habitans du lieu ou jurisdiction de Coutures tenoient grand nombre de pourceaulx ez territoires et aglanaiges du lieu de Castenau, lequel j'avoie mis en la main de Monseigneur comme sien, que j'aure trouve qu'il estoit, lesquels pourceaulx *ledit Sr de Mauvesin* y avoit faict venir et avoit fait marché auxdits porcatiers à quatre ardictz par porceau, à laquelle cause et à la requête dudit substitue de procureur, je y envoyay Pierre Trignant, sergent ducal, dessus nommé, et Me Jehan de Saultz, notaire, accompagnés de vingt hommes de Marmande, lesquelz prindrent et amenèrent envyron six vingtz pourceaulx et en laissèrent dedans le bois envyrou cinquante pourceaulx ; et pour recouvrer les dits pourceaulx composèrent ceulx de qui ilz estoient à la somme de huict livres tournoises, lesquelles huict livres tournoises, ils promirent à paier au trésorier d'Agenois, dedans le terme du premier dimanche de caresme prochain venant et pour ce fère baillèrent plege Jehan Dubrueilh, bourgeois et marchant de Marmande (p. 353-354). »

saire subrogé ; mais celui-ci se fit bien garder ; il ajourna M. de Lauzun devant la chambre des comptes à Bordeaux et continua, ce jour et les jours suivants, de fixer les limites des diverses juridictions. Dans une fenêtre préparée pour prendre les bécasses, le commissaire fit enlever un banc qui y avait été mis par le seigneur de Lauzun.

Le samedi, 20 Janvier, ayant fait ajourner les consuls de Marcellus, de Meilhan et de Coutures et Georges de Bannes, procureur du seigneur d'Albret, il mit sous la main du duc la seigneurie de Gajac qui devait être unie à la seigneurie de Marmande, d'après les lettres de Robert comte d'Artois, lieutenant du roi de France en Gascogne, données à la Réole, en 1296, et de Jean, évêque de Beauvais, aussi lieutenant du roi de France, données à Sainte-Bazeille, au mois d'Août 1302 *(sic)* pour 1342 (1) Georges de Bannes était accompagné du seigneur de Granhols (Grignols), capitaine du château d'Aillas, d'un gentilhomme nommé Godavrinie et d'une grande quantité d'hommes armés, qui proféraient des menaces; néanmoins J. de Montravel passa le pont, et, en leur présence, il fit lecture de ses lettres de commission; mais comme les gens de Marmande n'aimaient pas beaucoup ceux du seigneur d'Albret, et que s'il eût passé outre, il en pouvait résulter quelque scandale irréparable, il se contenta de saisir verbalement la seigneurie et de la replacer ainsi dans le domaine ducal. Le 6 Août 1470, Charles de Guyenne, étant à Bordeaux, manda à ses commissaires que les seigneurs de Mauvesin et de Lauzun ayant obtenu de sa chancellerie des lettres subreptices qui les remettaient en possession des seigneuries dont ils avaient été dessaisis par J. de Montravel, il leur ordonnait de replacer ces seigneuries dans sa main, malgré la teneur des lettres subreptices. Les commissaires subrogèrent encore J. de Montravel à leur commission, et celui-ci, le 17 Octobre 1470, fit replacer les armoiries ducales partout où les seigneurs de Mauvesin et de Lauzun les avaient enlevées (2).

---

(1) Cette même erreur se retrouve (p. 363) dans le texte : « *Anno Domini millesimo tricesimo secundo.* »

(2) Parmi les témoins entendus par J. de Montrevel, figure « noble homme Guilhem Arnauld de Taris, habitant de Marmande. » Me Hélias de Vestit était alors lieutenant du bailli de Marmande, en même temps que notaire. Le bailli, notaire aussi, était Jehan Prehoust. Sont encore nommés les consuls de Marmande Jehan des Ollieres et Lanceman, et divers bourgeois tels que Jehan Dauber, Janet Bruet, Jehan Dubreuilh *(de Brolio)*, Martin de Bensac, Doumenge La Garde, Arnauld de Nyeulh, etc. Le valet de ville était Arnauld de Pledemet.

Enfin, le 23 Octobre, lorsque J. de Montravel était prêt à monter à cheval, avec sa compagnie, pour aller à Escassefort, il attendit vainement le substitut J. de Fonpeyre, qui ne voulait venir qu'à condition que sa journée lui fût payée, mais enfin il se décida, et le commissaire subrogé remit entre les mains du duc plusieurs rentes que les bourgeois et les religieux de Marmande avaient usurpées. Le 25 Octobre, le commissaire donna aussi en fief un journal de bois auprès de Virazeil, pour faire une fenêtre à prendre des bécasses, et ajourna au lendemain une vingtaine de bourgeois de Marmande qui avaient chargé le maître d'école de la ville de présenter leur protestation. »

En 1470, le 25 Janvier, le duc de Guyenne confirma, à Bordeaux, les établissements, libertés, franchises, coutumes et usances de la ville de Marmande (p. 180 du volume déjà cité de la collection Baluze).

Au folio 11 du volume 22, 367 du Fonds Français (Bibliothèque nationale), sont mentionnées des lettres du mois de Janvier 1476, par lesquelles le roi Louis XI donne à son chambellan Thomas La Lande et Perrette Mathiole, sa femme, pour sûreté des cinq mille livres à eux par lui promises à l'occasion de leur mariage, les seigneuries de Marmande et de la Réole, avec les revenus des dites seigneuries.

En 1488, au mois de Novembre, Charles VIII étant à Melun, confirme à son tour ces mêmes établissements, libertés, etc. (*Ibidem*, p. 187). Les deux documents sont semblables, sauf cette clause ajoutée dans le dernier : « et qu'ils puissent porter et avoir chescun an à mutation des cousuls robes de livrée miparties et chaperons tout ainsi qu'ils ont fait et accoustumé faire le temps passé. » (1)

Nouvelle confirmation des établissements de Marmande par Louis XII, à Blois en Février 1510 (*Ibidem*, p. 202).

Le 20 Novembre 1511, un bourgeois de Marmande, Pierre de la Mote (*Peric de la Mota qui demora en la villa de Marmande*) rédigea, avec de grands sentiments de piété, un testament qui nous a été conservé. (2) P. de la Mothe veut être enseveli dans le cimetière (*lo sagrat*) du couvent des frères mineurs et dans le tombeau de ses ancêtres; il fait des legs, très faibles

(1) L'original est dans le registre ccxxx du Trésor des Chartes, pièce 238, p. 143. A la page 142 est la confirmation du don fait autrefois aux habitants de Marmande de deux deniers à percevoir sur chaque tonneau de vin passant sur la Garonne.

(2) Ce document (rouleau de parchemin) m'a été obligeamment communiqué par M. G. Barrier.

(quelques *arditz* et deniers) à la chappelle des âmes du purgatoire de l'église Notre-Dame et aux autres chappelles de cette église, ainsi qu'à la chapelle des âmes du purgatoire du couvent des frères mineurs. Il n'oublie (dois-je dire dans ses générosités?) ni l'église de Granon, ni l'hôpital, ni ses filleuls, ni ses filleules, ni Jeannette de Puchpeyrou, sa nièce, ni ses deux neveux Guilhem et Jehanot de la Mote, et enfin il constitue héritière sa femme Marguerite Davit ou Daux.

En Février 1517, François Ier confirma, au château d'Amboise, les priviléges, exemptions, franchises, etc., de la ville de Marmande (p. 195 du volume déjà cité de la collection Baluze).

L'inventaire sommaire des Archives du département de la Gironde (tome I, série B. p. 8) signale (1545-1546) un arrêté du parlement de Bordeaux enjoignant aux habitants de Marmande de laisser jouir tranquillement François de Caumont, baron dudit lieu, de ses bois de Grignolets.

M. de Verneilh Puyrasseau. (*Histoire d'Aquitaine*, tome II, p. 339), énumérant les exécutions qui eurent lieu, en 1548, à la suite de la révolte contre la gabelle, raconte qu'à Marmande « huit personnes furent envoyées à la mort. » J'ai lu ailleurs que ce fut par les ordres du grand prévôt de la connétablie, le terrible Jean Baron, que furent étranglés et pendus ensuite au clocher de l'église de Marmande huit individus qui avaient sonné le tocsin pour appeler aux armes leurs concitoyens.

En 1549 furent consuls à Marmande Jehan Monsacren, Arnaud Freshinede, Raymon Brouqures et Nicolau des Portes (Note consignée sur un feuillet blanc du manuscrit des Statuts et établissements de la ville de Marmande, et citée p. 187 du tome V des *Archives historiques du département de la Gironde*) (1).

En 1561, Charles de Coucy, seigneur de Burie, lieutenant général du roi en Guyenne, paraît être venu deux fois à Marmande, d'après Théodore de Bèze (*Histoire ecclésiastique des églises réformées au royaume de France*, 1580, in-8°). La première fois, avant le mois de Septembre, il y aurait dit à Treilles, juge du Condomois, se plaignant des Huguenots de Condom qui

(1) Dans les *OEuvres dictées par Jehan Rus, Bourdelois, ez jeux floraux à Tholoze*, rarissime petit volume publié vers 1540, on trouve (en tête) un sixain adressé au lecteur par Pierre Aubert de Marmande, et (vers la fin) un dixain de Rus, très galamment tourné, adressé à Françoise de Nycil de Marmande en Agennoys. Cette Françoise de Nycil devait être de la famille d'Arnauld de Nyculh, bourgeois de Marmande, mentionné ci-dessus (dans un acte de 1470).

avaient chassé les Cordeliers de cette ville : « Je m'esmerveille de ce que me venès rompre les aureilles de ces faicts. Vous ne valès rien puisque vous estes les plus forts que vous ne leur courès sus, et ne jettès leur teste par dessus les murailles. » (p. 794) (1). La seconde fois, vers la fin du mois de septembre, il y aurait été rejoint par toute la noblesse, et aussi par le chanoine La Lande, avec tous ses adhérents, accourus au nom des chapitres de Saint-Etienne et de Saint-Caprais d'Agen, et par le président Sevin, qui représentait la magistrature agenaise (p. 795).

Blaise de Monluc dit dans ses *Commentaires* (édition de M. de Ruble, t. II, p. 342) : « Je n'y demeurai (à la cour) que cinq jours (Novembre 1561), dans lesquelz arriva la nouvelle que les Huguenots s'estoient eslevez à Marmande, et avoient thué les religieux de Sainct-François et bruslé le monastère. » Th. de Bèze (*Histoire ecclésiastique*, p. 805) adoucit singulièrement le fait qu'il raconte ainsi : « A Marmande aussi en ce même temps les Cordeliers furent chassés de leur couvent après avoir résisté quelque temps (2). » Labenazie (t. II, p. 342) assure qu'en 1560 *(sic)* les Huguenots démolirent une partie du couvent des Frères Mineurs de Marmande et qu'ils brûlèrent l'autre partie l'an 1569. Il ajoute : « Le frère Jean Gosson, septuagénaire, n'ayant pas vouleu renoncer à la foy feust tué à coups de mousquets. Le frère Raymond Roissel feust pris à Beaupui comme il alloit chez le seigneur de Bajamond ou de Beaumont. Il fust percé d'un coup d'épée » (3).

---

(1) Ces paroles ne me paraissent guère vraisemblables dans la bouche d'un homme aussi modéré que Burie. On sait combien Blaise de Monluc, son collègue dans le gouvernement de la Guyenne, le trouvait peu résolu contre les Huguenots.

(2) Le président de Thou (*Histoire universelle*, t. IV de la traduction française, année 1561) s'est contenté de copier ainsi Th. de Bèze : « Les Cordeliers de Marmande résistèrent longtemps, mais à la fin ils en furent chassés. » A la fin du XVIIe siècle ou au commencement du XVIIIe, le couvent des Cordeliers de Marmande jouissait d'un revenu de 1,680 livres, revenu supérieur à celui du couvent d'Agen (1,500 l.), du couvent du Mas d'Agenais (664 l.), mais inférieur à celui du couvent de Villeneuve (2,188 l.) et de Casteljaloux (3,903 l.). Voir dans la *Revue d'Aquitaine* de janvier et février 1869 (p. 354) le document non daté que j'ai extrait des Archives nationales et qui est intitulé : *Evaluation des revenus des couvents de Cordeliers de la province d'Aquitaine.*

(3) On lit dans l'*Histoire de Bordeaux*, par dom Devienne (p. 137), qu'en 1561 les députés d'Agen, de Marmande, de Libourne et de Bazas portèrent leurs plaintes à Bordeaux au sujet des excès commis par les réformés.

L'année suivante, « Burie et Monluc vindrent à Marmande, dont les consuls leur vindrent au devant, ayant esté la ville abandonnée par ceux de la religion, comme aussi Saint-Macaire et Bazas. De là ils prindrent Tonneins, le Port-Sainte-Marie et Villeneufve-d'Agenois, sans résistance. » (*Histoire ecclésiastique*, p. 771.) De Thou suit encore ici (t. IV) Th. de Bèze : « Le départ du seigneur de Duras fut cause de la perte de Marmande qui se rendit à Burie. Saint-Macaire, Bazas et Villeneuve-sur-Lot suivirent l'exemple de Marmande. » De Thou avait déjà dit (*Ibidem*) « Duras prend Saint-Macaire, et ce ne fut pas sans répandre bien du sang, car il vengea avec rigueur la mort de Rolland, célèbre ministre de Marmande, qui avait été tué dans cette place » (1).

On lit dans le *Voyage de Charles IX en France*, par Abel Jouan, curieux opuscule qu'a réimprimé le marquis d'Aubais (*Pièces fugitives pour servir à l'Histoire de France*, t. I, 1759) : « Et le mercredi 28e jour du dict mois (Mars 1565), disna au dict lieu (Aiguillon); puis après diner le roy s'embarqua en son batteau pour aller faire son entrée à Marmande, qui est une belle petite ville. Et le jeudi 29e jour du dict mois, disna au dict lieu; puis s'en revint en son batteau pour aller faire son entrée et coucher à la Réolle, qui est une belle ville divisée en trois.»

Au mois d'Avril de la même année, Charles IX, étant à Bordeaux, confirma les priviléges de la ville de Marmande (Registre du Trésor des Chartes, CCLXIII *bis*, n° 318).

Sully (*Mémoires des sages et royales œconomies d'estat, domestiques, politiques et militaires de Henry-le-Grand*, etc., édition de la Collection Michaud et Poujoulat, p. 23) raconte ainsi la malheureuse tentative que fit le roi de Navarre, en 1577, pour s'emparer de la ville de Marmande :

« Les affaires et encore plus les esprits estans donc en cette disposition, tant plaines de bigarrures et contrarietez, l'on ne laissa pas neant moins d'entreprendre, par l'opiniatreté de quelques uns que vous sçavez bien, et contre les sentiments du roy de Navarre mesme, et du sieur de la Nouë, d'aller assiéger Marmande, ville scituée sur Garonne, trop grande, trop forte et trop bien munie de toutes choses, pour une armée si mal assortie de ce qui estoit nécessaire, qu'estoit celle du roy de Navarre, devant laquelle M. de Laverdin (2), colonel d'infan-

(1) La *France protestante* n'a pas de notice sur ce « célèbre ministre de Marmande. »

(2) Jean de Beaumanoir, baron, puis marquis de Lavardin, qui devint maréchal de France en 1595.

terie, ayant esté commandé de faire faire les approches, il vous bailla, comme estant son enseigne, cent harquebusiers à conduire, afin de vous aller loger dans des maisons et chemins creux, qui estoient à deux cens pas de la ville, vers le bas de la rivière; mais vous et tous les autres capitaines qui eurent mesme commandement vers les autres quartiers, fustes si furieusement receus, par trois fois autant de gens armez et soldats sortis de la ville, qu'apres une grande escarmouche, vous fustes tous contraints de vous retirer avec perte, et de vous loger et defendre dans des maisons fort esloignées, au lieu d'assaillir, jusques à ce que le roy de Navarre, avec le reste de sa malotrüe armée, tant cavalerie qu'infanterie, fut arrivé, qui les contraignit par deux ou trois charges qui leur furent faites (en l'une desquelles ce prince fut luy mesme, n'ayant que sa seule cuirasse) de regagner les contrescarpes de leurs fossez, et vous donna moyen de vous loger, barricader et retrancher aux lieux qui vous avoient esté ordonnez assez proche de la ville : laquelle se trouva si mal investie n'y ayant pas assez de gens pour la circuire entièrement, et l'artillerie qui ne consistoit qu'en un canon et deux coulevrines si mal montée, munitionnée et servie, qu'il n'y avait apparence que de honte et dommage pour les assiegeans (1) : pour lesquelles éviter et couvrir en quelque façon, le roy de Navarre prit prétexte de lever le siége, par une telle quelle capitulation sur l'arrivée du maréchal de Biron, que le roy envoyoit vers lui pour traitter de la paix (2). »

(1) D'Aubigné (*Histoire universelle*, t. II, p. 259) assure que quand le maréchal de Biron arriva, ce ne fut pas « sans se mocquer de la furieuse batterie. »

(2) L'abbé Monlezun (*Histoire de la Gascogne*, t. V) nous montre, d'après les *Mémoires du chevalier d'Antras*, que j'espère publier prochainement, la noblesse d'Armagnac prenant les armes en 1576 représentée par Larroque d'Ordan, d'Antras, Baudéan, Saint-Orens, etc, et allant avec Baratnau joindre Biron à Marmande. Dom Devienne (*Histoire de Bordeaux*, p. 177) rapporte, d'après les registres du parlement, qu'au commencement de 1577 le roi de Navarre, qui était à Marmande (dom Devienne veut dire : auprès de Marmande), ayant écrit au Parlement pour lui offrir une suspension d'armes, cette compagnie délibéra qu'attendu qu'il portait les armes contre le Roi, il ne lui serait pas fait de réponse. Mezeray (*Histoire de France*, in-folio, édit. de 1651, t. III, p. 141) a blâmé le roi de Navarre d'avoir seulement « avec trois mille hommes et deux meschantes pièces de canon, » entrepris « d'assiéger Marmande assez grande ville, où il y avoit plus de six cents soldats, sans les habitants. » Voir sur les négociations relatives à la levée du siége de Marmande d'excellentes pages de Secousse, dans ses *Mémoires historiques et critiques*

D'Aubigné (*Histoire universelle*, t. II, p. 237, édition de 1626) nous fait ainsi connaître un remarquable incident du siége de Marmande : « La Noue estant venu de Xainctonge, eut charge d'investir Marmande sur la Garonne (1), ville en très heureuse assiette, franche de tous commandemens, qui avoit un terre-plain naturel, revestu de briques. Les habitans y avoient commencé six esperons et s'estoient aguerris par plusieurs escarmouches légères que le roi de Navarre y avoit fait attaquer, en y passant et repassant. Il leur avoit appris aussi en feignant de les assiéger, ou en les assiégeant à demi, à digérer la frayeur d'un siége ; n'oubliant rien de ce qu'il falloit pour aguerrir ses ennemis et changer des (gens de) communes en soldats, comme il y a paru depuis. Le jour que La Noue vint pour les investir, n'aiant que six vingt chevaux et soixante harquebusiers à cheval, les habitans jettent hors la ville de six à sept cents hommes, mieux armez que vestus, pour recevoir les premiers qui s'avanceroient. La Noue ayant fait mettre pied à terre à ses soixante harquebusiers et à quelques autres qui arrivèrent sur l'heure de Tonneins, attira cette multitude à quelque cent cinquante pas et non plus de la contr'escarpe ; puis aiant veu qu'il n'y avait point de haies à la main gauche de cette harquebuserie qui leur pust servir d'avantage, il appella à lui le lieutenant de Vachonnière (2), lui fit trier douze salades de sa compagnie. Lui donc avec le gouverneur de Bazas et son frère, faisans en tout quinze chevaux, défend de mettre le pistolet en la main et prend la charge à cette grosse trouppe ; mais il n'avoit pas reconnu deux fossez creux sans haies, qui l'arrestèrent à quatre vingts pas des ennemis, qui firent beau feu sur l'arrest, comme fit aussi la courtine ; de là deux blesséz s'en retournèrent. Cependant le lieutenant de Vachonnière aiant donné à la contr'escarpe, et reconnu que par le chemin des hotteurs qui faisoient un esperon, on

---

pour servir à l'histoire de messire Paul de Foix, conseiller d'Etat et archevêque de Toulouse, aux *Mémoires* de l'Académie des Inscriptions, t. XVII, p. 665-666.

(1) François de La Noue n'a pu rien dire du siége de Marmande, ses très intéressants mémoires s'arrêtant malheureusement à l'année 1570.

(2) Le sieur de la Vachonnière fut envoyé, à la fin de février 1577, par le roi de Navarre en la ville de Casteljaloux pour y commander. Le lieutenant de ce gouverneur de Casteljaloux n'était autre que d'Aubigné lui-même, comme il nous l'apprend dans ses *Mémoires* dont je citerai tout à l'heure un extrait. D'Aubigné (*Hist. universelle*) rappelle que La Vachonnière avait été « pris par feu d'Andelot pour enseigne colomnelle de France » et qu'il était « d'un courage bien esprouvé. »

pouvoit aller mesler, en donne incontinent advis à La Noue, aussitôt suivi. Cette trouppe donc passe dans le fossé de la ville, et sort par celui de l'esperon, quitté d'effroi par ceux qui estoient dessus, et, après avoir beu ce que la courtine qui avoit rechargé leur envoya, vint pour aller mesler cette foule d'harquebuserie, dont les deux tiers se jettèrent dans le fossé de l'autre costé de la porte; mais le reste mit l'barquebuse à la main gauche et l'espée au poing; avec eux quatre ou cinq capitaines, et sept ou huict sergens firent jouer la pertuisane et l'halebarde. Pourtant les cavaliers s'opiniatrans leur firent enfin prendre le chemin des autres, hormis trente qui demeurèrent sur la place. La Noue fit emporter deux de ses morts, r'amenant presque tous les siens blessés, plusieurs de coups d'espée, lui avec six harquebusades heureuses, desquelles l'une le blessa derrière l'oreille. Si vous trouvez cette charge racontée plus expressément, c'est pourçe qu'elle est estimée la plus desraisonnable de celles qu'a faites le plus hazardeux capitaine de son siècle » (1).

M. E. Brives-Cazes, dans son étude si bien faite sur le *Parlement de Bordeaux et la Chambre de justice de Guyenne en 1582 (Actes de l'Académie de Bordeaux*, 1866), a résumé,

(1) D'Aubigné revient, sur ce sujet, dans ses *Mémoires* (édition Lalanne, p. 43) en ces termes : « Arrivé en Gascoigne, ce fut luy qui exécuta avec La Noue la folle charge que vous voyez descripte au chapitre VI du mesme livre (*Histoire universelle)*, allégué sous le tistre du lieutenant de Vachoniere. Seulement sçaurez-vous deux de ses vanitez qui ne valoient pas l'histoire : l'une que se voyant seul de la troupe avoir des brassards il les despouilla avant la charge ; l'autre, qu'au milieu du péril ayant dans le bras gauche un bracelet de cheveux de sa maistresse, il mit l'espée à la main gauche pour trouver ce brasselet qui brusloit d'une harquebusade. Le capitaine Bourget, à qui il eut affaire entre autres, luy manda qu'il avoit reconnu cela, et l'autre (d'Aubigné), pour luy monstrer une telle froideur au combat, lui désigna un monde et une croix qu'il avoit sur son espée. » Dans cette même année, se livra près de Marmande un combat auquel d'Aubigné prit une brillante part et qu'il a chaleureusement décrit (*Hist. univer.*, t. II, p. 288), l'appelant « un des plus oppiniastres combats que j'aie veu, leu, ni ouï-dire. » D'Aubigné y reçut cinq blessures. La Vachonnière y eut « les reins couppez d'une balle ramée. » Vingt-sept des guerriers sortis de Casteljaloux avec d'Aubigné restèrent sur le champ de bataille, notamment Brocas et Bacoue, ce dernier ayant été trouvé par sa mère éplorée « étendu mort sur un coffre plein d'avoine, derrière le portal de Malvirade, » événement entrevu par elle à travers un songe prophétique. Le capitaine Dominge se distingua parmi les compagnons de d'Aubigné, et, du côté des Marmandais, ne se distinguèrent pas moins le capitaine Bourget et le baron de Mauvezin.

d'après les registres d'audience de ce tribunal extraordinaire, un autre épisode du siége de Marmande (p. 329) : « Encore une de ces violences que la Chambre avait mission spéciale de punir et de réparer autant que possible. C'est ainsi que le 6 Avril, elle condamna un nommé Jean Belloc à rendre 500 écus sol à lui payés par un nommé Maquin, qu'il était allé rançonner chez lui, sauf son recours contre qui il verrait, avec un sursis de trois mois pour l'exécution. Ce même Belloc avait échappé quelques semaines avant, avec plus de bonheur que de stricte justice, aux poursuites d'un nommé Martin Vergier, qui lui reprochait d'avoir été l'instrument d'une odieuse perfidie du capitaine Favas. Voici comment Loysel exposa l'affaire : En 1577, pendant le siége de Marmande, le capitaine Favas, qui était logé en la maison de Belloc, envoya celui-ci avec son laquais vers quelques personnes de la ville, notamment vers Martin Vergier, pour les inviter à venir lui parler : ce que ce dernier fit, et Favas aussitôt se saisit de lui et le rançonna. Loysel pensa que c'était au capitaine Favas seul qu'il fallait s'adresser, et que cette affaire devait être jointe au procès formé déjà contre ce dernier. La Cour fut de cet avis, et mit les parties hors de cour, sauf au demandeur à se pourvoir contre qui il verrait. »

Dans les premiers jours d'Octobre 1578, le roi de Navarre vint à Marmande avec Catherine de Médicis et Marguerite de Valois, comme l'atteste cette lettre qu'il écrivit, le 14 de ce mois, au baron d'Uhard. « Je viens de recueillir la Royne-mère et ma femme à La Rolle (La Réolle), où toutes choses, Dieu merci, se sont passées au désir et contentement d'un chascun, et avec une grande espérance d'un bien et repos général. J'ay accompagné les dictes dames Roynes jusques à Marmande, et m'en suis venu de là ici (à Nérac). Elles sont à présent à Agen (1), sur le poinct d'en partir pour aller à L'Isle en Jourdain, et là y séjourner (2). »

En 1580 eut lieu près de Marmande, entre la garnison de cette ville et les soldats du roi de Navarre, un combat sur lequel

---

(1) On lit dans les curieuses *Notes extraites des comptes de Jeanne d'Albret et de ses enfants*, publiées par M. Paul Raymond : « A Jehan Dubareyt, marchand poissonnier de Peyrehorade, 60 liv. tourn. pour six saumons frais que le Roy acheta et envoya à Agen, à la Reine mère et à la Reine, notre maîtresse. » (*Revue d'Aquitaine*, avril 1867, p. 499).

(2) *Recueil des lettres missives de Henri IV*, publié par M. Berger de Xivrey (t. I, p. 201). L'éditeur, dans l'*Itinéraire et séjours de Henri IV en Gascogne, depuis l'an 1568*, a oublié d'indiquer le passage du roi de Navarre à Marmande. Ce tableau présente bien d'autres lacunes.

les Mémoires de Sully (p. 30) nous fournissent de nombreux détails. Après nous avoir dit que le Béarnais avait défait quelques troupes qui allaient grossir l'armée mise sur pied par le maréchal de Biron, d'après les ordres de Henri III, pour resserrer le chef des Huguenots dans ses places et l'empêcher de tenir la campagne, Sully ajoute : « Entre lesquelles factions que fit le roy de Navarre, celle de Marmande mérite de n'estre pas oubliée, laquelle passa ainsi qu'il s'en suit. — Le roy de Navarre, passant de Montauban à Leytoure, et le maréchal de Biron ne voulant plus souffrir que les cavalcades et diligences ordinaires de ce prince luy escrocassent sans cesse quelques pièces de ses troupes naissantes, prit resolution de ne les assembler, ny loger plus à la campagne, mais dans la ville de Marmande ; ce qui fut cause que le roi de Navarre quitta Nérac, et s'en alla loger à Thoneins, d'où il se faisoit journellement quelques factions guerrières, entre lesquelles nous en remarquerons une seule, pour ce que vous y eustes part. Le roy de Navarre donc, voyant que cette quantité de noblesse gasconne qui estoit dedans Marmande, au moindre ennemy qui paroissoit, sortoit à diverses trouppes pour aller après luy, et le charger à l'envi l'un de l'autre, à qui se montreroit le plus eschauffé à sa poursuite, se résolut de dresser une partie, pour essayer d'en attrapper quelques uns, et pour y parvenir s'estant de bon matin, avec 300 chevaux et les deux compagnies de ses gardes, mis en embuscade dans un grand bois situé à demie lieue de Marmande, au bout duquel il passe un ruisseau non guéable à gens de cheval, pour ce que les bords en sont trop hauts et trop droits (1), sur lequel il y a un pont de pierre (2), il y logea cent harquebusiers de ses gardes assez près d'iceluy, sur les rives de ce ruisseau, où ils se tenoient couchez sur le ventre, espérant que quelques trouppes des ennemis le passeroient en poursuivant ceux des siens qu'il faisoit estat d'envoyer donner le coup de pistolet aux portes de la ville : pour lequel effet il commanda au sieur de Lesignan, brave et sage gentilhomme (3), de prendre 20 ou 25 des mieux montez et armez, plus deliberez et obeyssans de vous austres Messieurs,

(1) La Canaule.

(2) Le pont du Bayle.

(3) On voit par les *Lettres missives de Henri IV* que ce prince honorait Lusignan de toute sa confiance et de toute son amitié. Tantôt il charge ce gentilhomme de porter à Bordeaux ou ailleurs d'importantes dépêches, tantôt il le charge de protéger Marguerite. Voir, pour ce dernier point, une lettre du roi de Navarre à Marguerite du 10 avril 1580 (t. I, p. 286).

du nombre desquels vous fustes, avec des defenses expresses de s'engager en aucun combat, mais tousjours en se retirant avec espece d'effroy, essayer de les faire passer le pont, et aux harquebusiers de ne se descouvrir ny tirer, qu'un bon nombre n'eut passé, pource qu'aux premières salves d'harquebusades, il marcheroit en gros pour soustenir ses coureurs qui lors auroient tourné teste. Tout cela ainsi disposé, le sieur de Lesignan l'observa exactement, donnant jusques aux portes de la ville, qu'il estoit encore assez matin, où la pluspart de vous austres, comme ils disent en Gascoigne, firent fumer le pistolet sur quelques soldats et habitans qu'ils rencontrèrent dehors. » La cavalerie marmandaise les suit et les défie. Quelques-uns criaient : « Ça! ça! cavaliers, un coup de pistolet pour l'amour de la maistresse, car vostre cour est trop remplie de belles dames pour en manquer. » Mais Lusignan, « faisant la sourde oreille à ces défis, ne pensait qu'à se retirer pour les attirer dans l'embuscade. » On n'était plus qu'à deux ou trois cents pas du pont, lorsque, disent les secrétaires de Sully, « vous fustes chargez de telle furie et impétuosité, qu'il fut impossible d'empescher le combat, et que leurs coureurs au nombre de cinquante ne passassent le pont pesle mesle avec vous, où il fut donné plusieurs coups de pistollets et d'espées, vos harquebusiers n'ayant osé faire leur salve, pour ce qu'ils eussent aussitost tué des vostres que des ennemis.» On court dire au roi que tout est perdu, que l'armée marmandaise a taillé tous les huguenots en pièces, on insiste pour qu'il se sauve, il résiste, et enfin il cède. Le roi fut fort en colère contre ceux « qui l'avoient fait retirer si viste, d'autant que le seigneur de Lesignan en parloit fort haut et avec blasme, d'autant que cela n'estoit jamais arrivé à ce prince. »

D'Aubigné (*Histoire universelle*) complète le récit de Sully. Nous ayant montré le roi de Navarre « resolu de cercher le coup d'épée », et qui « descouple le baron de Lusignan avec vingt gentilshommes choisis, » lequel Lusignan « va donner des coups d'épée jusque dans les portes de Marmande. » Il ajoute que ce fut Yollet (Pierre de Malras, baron d'Yollet) qui, s'étant avancé pour savoir le premier des nouvelles de Lusignan, le vit revenir un peu vite, « et après lui une poussière qu'il estima ne pouvoir estre que de l'armée », et annonça étourdiment au roi de Navarre l'extermination de sa petite troupe. Le roi, entraîné par Yollet et par quelques autres, rebrousse chemin, pendant que le capitaine La Porte (de Nérac) « vieil et ferme soldat » reste avec trente hommes « des meilleurs de la France » et reconnaît bientôt que Yolet a été la dupe d'une terreur panique. « Biron, continue d'Aubigné, y perdit quelques gentilshommes, entre ceux-là le jeune

Fumel (1) et un des Lestelle (2), sept ou huit chevaux morts. Lusignan y perdit le baron de Moncaut (3). Yollet appelé pour recevoir réprimande s'excusa sur le soin de la personne royale, et que de son temps les rois laissaient aller aux embuscades les fols et les chevaux légers (4).

Le maréchal de Matignon, qui remplaça le maréchal de Biron dans la lieutenance générale de Guyenne, était au camp de Marmande le 24 Mai 1585, d'où il écrivit au capitaine Jacques de Lau une lettre encore inédite et qui appartient aux archives du château de Xaintrailles (5).

Matignon était encore à Marmande au mois de juillet suivant, comme nous le voyons par le billet que lui écrivait, de Nérac, le roi de Navarre, le 4 de ce mois : « Je vous prye, mon cousin, vous trouver demain qui est mercredy, à disner ou un peu auparavant à Toneins, où nous pourrons parler ensemble sept ou huit heures, et vous en retourner encores coucher à Marmande. Je me rendray audict lieu de bon matin, et vous puis assurer que je passeray la rivière avec plus de contentement, après vous avoir veu. » *(Lettres missives, t. I.)*

Un célèbre magistrat bordelais, l'avocat général du Sault, écrivait, de Bordeaux, le 1er novembre 1585, « à Monsieur de Villeroy, conseiller au conseil privé du Roy et secrétaire de ses

---

(1) Ce jeune officier n'est pas mentionné dans la généalogie de la famille de Fumel *(Nobiliaire de Guienne et de Gascogne, t. I)*.

(2) C'est probablement à un des frères de ce gentilhomme qu'est adressée une lettre du 26 juin 1594 dans laquelle Henri IV dit : « M. de Lestelle, comme le sieur de Monluc, n'a oublié de me faire entendre la bonne assistance que vous lui avez faicte en la prinse de ma ville d'Agen, etc. *(Lettres missives, t. IV, p. 183)*. Est-ce là Louis de Brunet, seigneur de Lestelle? Plus tard, sous Louis XIII, je trouve un Jean-Jacques de Brunet, baron de Pujols et Castelpers, vicomte d'Auvillet, seigneur de Lestelle, gentilhomme ordinaire de la chambre du roi.

(3) Blaise de Lauriere, seigneur et baron de Moncaut et de Sainte-Colombe, gentilhomme de la chambre du roi, mestre de camp d'un régiment d'infanterie, gouverneur de la ville et citadelle de Layrac, etc. Le roi de Navarre le fit inhumer à Tonneins et assista à ses funérailles. Voir le récit de la mort de Blaise de Lauriere tiré des archives du château d'Arasse, à la page 531 du tome VIII des *Archives historiques du département de la Gironde*.

(4) D'Aubigné n'est pas d'accord avec Sully sur le lieu de l'embuscade qui fut dressée, suivant lui, à la garenne de Tonneins; mais le témoignage de Sully, témoin oculaire, est infiniment préférable à celui de d'Aubigné.

(5) Je compte la faire entrer dans une prochaine publication qui aura pour titre : *Documents inédits relatifs à l'histoire de l'Agenais*.

commandemens » (Bibliothèque nationale, F. F. vol. 15571, p. 58) : « Monsieur, vous avez entendu que le comte de Gurson, chef de l'entreprinse de Marmande, s'estoit retiré à Cadillac, blessé de deux playes l'une au bras et l'autre à la cuisse qu'il reçeust audict Marmande, et que de sa retraicte audict Cadillac beaucoup de gens estoient scandalisez et que le dit Comte se dict lieutenant général pour le roy de Navarre en Agenois, Bazadois et Bourdelois. Monsieur de Candalle s'est retiré à Castelnau de Medoc ayant laissé Madame de Candalle et Madame la comtesse de Gurson, sa fille (1), audict Cadillac où despuis ledict Comte a esté reçu. » Je ne trouve ni dans les grandes histoires, ni dans les mémoires, le moindre renseignement sur la tentative faite contre Marmande, dans l'automne de 1585, par ce Frédéric de Foix, vicomte de Meilles et comte de Gurson, qui, dévoué, comme son père, à la cause du roi de Navarre, méritait, deux ans plus tard, de porter l'étendard général, à la bataille de Coutras, et qui le tint d'une main ferme, surmontant avec une admirable énergie la brûlante fièvre dont il était dévoré.

Le volume 15571 du Fonds Français, à la Bibliothèque nationale, renferme (p. 86) cette lettre écrite par les consuls de Marmande, le 7 novembre 1585, au maréchal de Matignon (2) :

Monseigneur,

Despuys que vous avons escript y a dix jours passez le Roy de Navarre avec ses forces a demeuré ez environs de ceste ville tant dessa que dela la rivière où il est encores mesmes au lieu de Thonnenx pourveu de six pièces de canon d'artillerye avec lequel il se delibere nous babtre et croyons qu'il ne heust ja tant de-

(1) Charlotte Diane de Foix, fille de Frédéric, comte de Candalle, celle qui a été célébrée en vers par Pierre de Brach et par Florimond de Raymond, en prose par Michel de Montaigne.

(2) Matignon (*ibidem*, p. 113) écrivait à Henri III, de Saintes, le 12 novembre 1585 : « Sire, il y a dix jours que je suis en ce lieu et vostre armée loge en environs pour les grand pluyes qu'il a faict depuis six sepmaines qui ont tellement débordé les eaues qu'il ne m'a esté possible d'en partir plus tost que ce jourd'huy et m'en vay attendant Monsieur du Mayne droict où sera le roi de Navarre, lequel a prins Montfort et la Sauvetat (la Sauvetat d'Armagnac) et a delibéré à ce que l'on m'a adverty de tirer encor deux pièces qui sont à Montflanquin et aller atacquer Agen, Villeneufve d'Agenois ou Marmande, comme V. M. verra, s'il luy plaist, par les lettres que je luy envoye que m'ont escript presentement ceulx dudit Marmande. Ce sont places de grande importance et qui ne sont fortes et sont en grande craincte. Mesmes je doubte qu'il n'y aie de la division entre les habitans qui me faict advancer tant qu'il m'est possible pour m'y rendre au plus tost. »

meuré n'eust esté l'indisposition du temps. Nous sommes tous rezoluz de nous bien deffendre et pour cest effect y exposer nos vyes. Espérons aussy que ne nous laysserez longtemps engaigez. Toutesfoys, Monseigneur, attendu la pauvreté de la dicte ville et des habitans d'icelle quy n'ont moyen de fournir à tant de fraix et negoces qu'il convient pour la garde, réparation et fortification de ladicte ville et encores, moingz pour entretenyr et soldoyer la compagnye des gens de guerre par vouz ordonnée pour la garnyson d'icelle mesmes pour les deulx moyz quy restent à expirer, vous asseurant que quelque dilligence que nous ayons peu faire il a esté impossible de recouvrer aulcun denyer des aydes qu'il vous avoyt pleu accorder et sy n'y a aulcun moyen d'en expédier par les raysons et empechemens que nous vous dirons quant aurons ce bien de vous revoyr, à ceste cause, Monseigneur, et pour encores plus fort affectionner les dictz habitanz au service de sa Magesté et à la conservation de la dicte ville, vous supplions nous permetre pour pouvoyr fournir à tout ci dessus de proceder suyvant la teneur de la requeste que avec ceste cy humblement vous presentons. Nous vous advysons aussy, Monseigneur, que la malladye de contagion a fort augmenté en ce lieu ; tellement qu'il est mort puyz vostre despart bien quatre vingtz personnes en la ville ou hors icelle et avons ung quartier de la dicte ville, presque tout infect. Nous y donnons tout l'ordre à nous possible. Dieu par sa saincte grace nous veulhe assister et pourveoyr au tout. Nous n'avons apprins aucune chose digne de vous, au moyen de quoy, en attendant voz commandemans, prierons Dieu,

Monseigneur, en très heureuse santé et prospérité vous donner longue vye.

De Marmande ce septiesme de novembre mil cinq cenz quatre vingt et cinq.

Voz très humbles et affectionnez serviteurs,

Les Consulz de Marmande,

MATRON, greffier.

Un conseiller au parlement de Bordeaux, M. de Massiot, écrivit en même temps au maréchal (*ibidem*, p. 91) :

Monseigneur, Messieurs les consuls de cette ville m'ont communiqué leurs nécessités, et faict veoir les lettres et requeste qu'ilz vous font. Je suis bien marry de les veoir reduictz à tant d'extremitez. La contagion incontinent après vostre dernier passage commença de s'espandre plus que jamais et puys six jours a telement accreu qu'il y a de l'horreur et de la pitié. Pour la guerre nous sommes fort menacés et il y a des apparances grandes que nous serons de bref attaqués. Les pontz se reparent entre cy et Thoneinx et chacun tient que sans l'injure du temps on n'eut tant tardé. Je vous supplie et requiers, Monseigneur, de vostre plus prompt secours au besoing. Nostre garnison à faulte de payement nous menace de se retirer au xxe de ce moys, et le meslinge que les attaques et alarmes qu'on nous donne souvent faict faire de toutes personnes me font craindre tout ce qui se peult et au général et au particulier. Dieu est sur tout, lequel je prye vous tenir,

Monseigneur en parfaicte santé très heureuse et longue vye.

De Marmande ce *VII* novembre 1585.

Vostre très humble et obéissant serviteur,

Léonard de Massiot (1).

En 1586, le duc de Mayenne vint à Marmande et dut y résider quelque temps. (De Thou, t. IX, p. 578.) S'y trouvait-il quand le roi de Navarre, apprenant que la Garonne était entourée de soldats qui avaient mission de l'arrêter au passage, exécuta cette manœuvre à la fois si habile et si audacieuse, ainsi racontée par Sully (p. 50. Mars 1586) : « A son retour à Nérac il eut plusieurs advis que les armées de M. du Mayne et de M. le mareschal de Matignon s'estant jointes, ils avoient fait border toute la rivière de Garonne à leurs gens de guerre, et mis des gardes aux principaux passages d'icelle, pour essayer de l'attraper en repassant, le bruit ayant desjà couru qu'il vouloit aller à Bergerac pour s'acheminer de là vers le Poictou et la Rochelle, auquel lieu de Nérac ayant séjourné deux jours seulement, il en partit au matin à l'aube du jour, ayant auparavant publié qu'il vouloit aller à Leytoure, n'ayant pour tous gens de guerre, qu'environ

(1) Voir deux lettres adressées en 1581 à Léonard de Massiot par l'historiographe Bernard de Girard du Haillan (pp. 293 et 294 du tome X des *Archives historiques du département de la Gironde*). Léonard de Massiot est-il un frère de Hugues de Massiot, qui, le 2 juillet 1583 signa dans sa maison, située dans la ville de Marmande et appelée de Bernade, une transaction avec Guillaume Du Laurens, juge bailli pour le roi en cette ville, au sujet de la capitainerie de Marmande et de La Sauvetat ? Hugues de Massiot prend dans cette transaction les titres d'écuyer et de seigneur de Cugnolz. Il avait acheté « l'estat et office des cappitaines de Marmande et de la Sauvetat-de-Caumont, moyennant la somme de sept cens escus, » aux sieurs de Bersac et de la Brunetière qui jouissaient de ces capitaineries depuis le mois de juillet 1573 (*Arch. hist.*, t. X, p. 65-69). Un gentilhomme bordelais du nom de Massiot (Léonard peut-être), fut le secrétaire de l'illustre évêque de Dax, François de Noailles. Voir mes *Lettres inédites de François de Noailles*, 1865, p. 27 (Paris, Aubry).

cent hommes armez et autant d'harquebusiers à cheval de ses deux gardes et prit le chemin de Barbaste comme s'il eust voulu aller à Chastel-jaloux, puis tournant vers Damazan il y séjourna environ une heure pour donner de l'avoyne aux chevaux, et boire chacun un coup, et voulant partir de là il choisit vingt d'entre vous autres Messieurs des mieux montez et armez et qu'il tenoit des plus résolus aux périls, et autant de soldats de ses gardes sans bagage et fort peu de valets, et baillant la conduite du surplus à M. de Lons, son premier escuyer, et au sieur de la Roque, il prit son chemin tout ainsi que s'il eust voulu tirer de rechef vers Chastel-jaloux, marchant à travers des liéges et des brandes, desquels l'exercice de la chasse luy avait enseigné tous les sentiers, tours et destours, puis, comme il eut fait une bonne demie-lieue, il tourna tout court à main gauche et s'en alla gaigner Caumont, où il repust et dormit environ trois heures; passa la rivière comme le jour se fermoit et marcha toute la nuict quasi à travers de tous les quartiers de l'armée ennemie, voire alla passer sur le bord des contre-escarpes de Marmande, en tous lesquels lieux vous entendistes forces : Qui va là ? Des sentinelles; car vous estiez l'un des vingts que le Roy avoit choisis, mais il ne sortit rien après vous; puis, prenant le chemin vers la Sauvetat d'Aimet et Duras, fit si bonne diligence qu'il arriva à deux heures du jour à Sainte-Foy, auquel lieu semblablement se rendirent, sur le soir mesme, tous ceux qui estoient demeurez derrière avec vos bagages, sans qu'il eust esté fait perte d'un seul valet, ny d'un cheval, de quoy M. du Mayne ayant eu advis certain, il fut en extrême colère, etc. »

M. J. F. Samazeuilh dit dans sa *Monographie de la ville de Casteljaloux* (in-8°, 1860, p. 123) : « Dès le 17 Mars 1590, il (le capitaine Favas) écrivit de son camp devant Marmande, demandant à nos consuls des manœuvres *pour travailler à faire des forts devant cette ville et assiéger icelle.* C'est qu'à cette époque Marmande tenait encore pour la Ligue, sous les ordres du baron de Castelnaud. Le 16 Avril suivant, les jurats de Casteljaloux firent le règlement des frais du soldat du maréchal de Matignon, qui conduisit les manœuvres et pionniers aux forts de Marmande. Ainsi ce siége, dont personne n'avait parlé avant nous, que nous sachions, ne peut être mis en doute (1). Mais il n'est pas moins certain que la ville de Marmande ne succomba

(1) Dans son *Histoire de l'Agenais*, M. Samazeuilh avait mis ce siége en 1588. Le maréchal de Matignon écrivait déjà à Henri IV, de Bordeaux, le dernier jour de février 1590 : « Je prévoy qu'il est plus que nécessaire d'attaquer Marmande. » (*Archives historiques de la Gironde*, t. XV, p. 233).

point. Ce qui le prouve, c'est la défense faite dans Casteljaloux, le 27 Août d'après, par notre gouverneur, d'y laisser entrer *aucun de Marmande ni d'austres lieux estant de la Ligue.* En Août 1591, le marquis de Villars, un des chefs des ligueurs dans nos contrées, fit sommer la ville de Casteljaloux de contribuer aux frais d'entretien de la garnison de Marmande, et sur le refus manifesté par nos jurats de subir cette contribution, cette garnison fit des courses jusqu'aux portes de Casteljaloux, enlevant des bestiaux et ramenant des prisonniers. Les habitants de Casteljaloux usèrent de représailles. Cette petite guerre se continua même dans les années suivantes (1). »

Le maréchal de Matignon écrivit de Bordeaux à Henri IV, le 20 Avril 1592, qu'il avait pris la résolution avec les sieurs d'Aubeterre, de la Force, de Favas et de Vivant, d'aller attaquer Marmande, après avoir bloqué le château de Villandraut ; mais qu'il avait fallu renoncer à l'entreprise, le sieur Martin, trésorier de France, ayant été pourvu de la charge du sieur de Peugue, et ce d rnier, qui avait promis de procurer vingt mille écus, n'ayant plus voulu tenir sa promesse, puisqu'il était ainsi sacrifié à son concurrent (2).

En 1593, les ligueurs de Marmande rendirent, à force de courage et de dévouement, un éclatant service aux ligueurs de Blaye assiégés par Matignon. De Thou (t. XII, p. 63) raconte ainsi leur mémorable expédition : « Paul d'Esparbès de Lussan, gouverneur de Blaye, demandait des secours de tous côtés. François de la Mothe, baron de Castelnaut (3), gouverneur de

(1) M. Samazeuilh ajoute qu'en août 1593, les consuls de Casteljaloux ouvrirent des négociations avec ceux de Marmande, pour mettre un terme à ces hostilités qui ruinaient le pays, et que le baron de Castelnau ayant fourni des sauf-conduits à MM. de Lagos, consul, et de Lacorrége, jurat, de même qu'à MM. de Malvirade et du Sendat, ces quatre députés de Casteljaloux se rendirent à Marmande pour y traiter d'une trève, mais ne purent s'entendre avec le gouverneur de cette ville.

(2) Bibliothèque nationale, Collection Dupuy, t. LXI, p. 269. Cette lettre a paru dans les *Archives historiques de la Gironde* (t. X, p. 582). Matignon prit Villandraut le 2 août 1592.

(3) M. le marquis de Lagrange (note de la page 49 du tome II des *Mémoires du duc de la Force*) l'appelle Jean de Castille, baron de Castelnau de Chalosse. N'aurait-il pas confondu le gouverneur de Marmande avec le gouverneur de Mont-de-Marsan? Il me semble que c'est de ce dernier qu'il s'agit dans une lettre de la fin de février 1580, où le roi de Navarre assure « avoir mandé au sieur de Castelnau de quicter les contributions qu'il prend sur le pays de Soule. » (Recueil de M. Berger de Xivrey, t. I, p. 274).

Marmande, parent de Jacques, qui avait péri trente-trois ans auparavant par la main d'un bourreau, à Amboise (1), lui envoya cent arquebusiers et vingt piquiers sous la conduite de Jean Le Goust de Lihoux, de la Rivière et de Jacques Gillet (2). Ils s'embarquèrent à Preignac, et ayant passé devant Bordeaux, où la flotte de la reine d'Angleterre était à l'ancre, ils rencontrèrent quelques vaisseaux du roi et des navires anglais au Bec d'Ambez : ils prirent le parti de descendre, d'abandonner leurs barques et d'éviter les ennemis, en se sauvant par terre. Ils tuèrent des paysans qui s'opposaient à leur passage, et se rendirent sains et saufs à Blaye. Leur premier exploit fut d'attaquer la garde avancée des royalistes, qu'ils taillèrent en pièces. » Matignon ne tarda pas à lever le siége (20 Juillet).

Ce fut en 1594 que la ville de Marmande fit sa soumission à Henri IV devenu catholique. Scipion du Pleix (*Histoire de France*, t. v, p. 142) dit à ce sujet : « Le sieur de Castelnau, qui tenait dans Marmande sur Garonne une des plus fortes garnisons de Guyenne pour la ligue, se remit au service du roi à la persuasion de Jacques des Aigues, procureur général au parlement de Bourdeaux. » Palma Cayet (*Chronologie novenaire*, p. 579 de l'édition Michaud et Poujoulat) fixe ainsi les dates : « Les députés du sieur de Monluc, seneschal d'Agenais, qui commandoit pour l'Union en ce pays-là, obtindrent aussy du Roy tout ce qu'ils désirèrent. L'édict sur leur reduction fust arresté au mois de may, et vérifié au parlement de Bourdeaux au mois de juin. »

L'Edict du roy sur la reduction des villes d'Agen, Villeneuve, Marmande et autres villes et lieux du pays d'Agennois en son

---

(1) Voir sur l'intrépide mort du conspirateur, les *Mémoires* de Michel de Castelnau, p. 416, de l'édition Michaud et Poujoulat.

(2) Le P. Daniel (*Histoire de France*, édition in-4°, t. XII, p. 66) donne une version quelque peu différente : « Lussan se défendit avec beaucoup de valeur et de conduite, et avec d'autant plus d'opiniâtreté, qu'ayant prévu le siége, il s'était ménagé diverses ressources. Le premier dont il fut secouru fut le baron de Castelnau, gouverneur de Marmande, qui ayant ramassé vingt-cinq bateaux, mit dessus huit cents hommes commandés par les capitaines Lioux et Gilet, et leur fit descendre la Garonne. Ils passèrent la nuit devant Bourdeaux sans être apperçus : mais quand ils arrivèrent au confluent de la Dordogne et de la Garonne, ils y trouvèrent les vaisseaux anglois et hollandois qui leur lachèrent quelques volées de canon. Ils n'étaient pas en état de leur répondre ; c'est pourquoi ils s'échouèrent sur le bord de la rivière, à quelque distance de Blaye. Ils marchèrent de là en bataille, défirent quelques paysans qui voulurent s'opposer à leur passage, forcèrent un quartier du camp du maréchal et entrèrent dans la ville... »

obéissance (collection Baluze, t. xxv, p. 205) prodigue les concessions à ces diverses villes. 1° Il ne s'y fera à l'avenir aucun autre exercice de religion que de la catholique, apostolique et romaine; 2° Il est expressément défendu à toutes personnes de ne molester ni inquiéter les ecclésiastiques dudict pays en la célébration du service divin, jouissance et perception des revenus de leurs bénéfices avec restitution des églises, maisons, biens et revenus par ceux qui, depuis les troubles, s'en sont emparés; 3° Ceux qui ont été pourvus de bénéfices par le duc de Mayenne les conserveront en prenant du roi les provisions nécessaires ; 4° La mémoire de tout ce qui s'est passé demeurera éteinte et abolie ; 5° Ces diverses villes seront maintenues et conservées en leurs anciens états et priviléges ; 6° Ces mêmes villes sont déchargées des arrérages des tailles et impositions échues depuis le commencement des troubles jusqu'au dernier jour de décembre 1593 ; 7° Les péages, subsides, contributions, créés par la seule nécessité des troubles par eau ou par terre du pays d'Agenais sont abolis, etc. L'édit fut publié à Agen le 21 juin 1594 (1). Il avait été enregistré à Bordeaux en Parlement le 6 du même mois.

La Collection Baluze me fournit encore (*ibidem*, p. 189) cette déclaration spéciale de Henri IV en faveur de Marmande et de Monségur :

Henry par la grâce de Dieu roy de France et de Navarre,

A tous presans et à venir salut.

Comme pour rappeller nos subyects desvoyés à leur devoir et leur faire recognoistre nostre authorité nous avons tousjours estimé la voye de douceur plus propre que celle de la force (2) et plus digne du titre de très chrestien que les rois nos prédécesseurs nous ont laissé en héritage avecq ceste couronne, aussi nous en sommes nous tousjours plustôt serviz ez occasions qui s'en sont présantées et n'avons jamais rejetté aucun de ceux qui s'y sont volleus accommoder soit particulliers, villes ou communautés, ains au contraire nous leur avons humainement ouvert les bras et fait tout le plus gratieux et favorable traitement que nous a esté possible, aymans et approuvans en eux cette inclination de se conformer à nostre desir laquelle ayant pleu à Dieu inspirer entre autres ez cœurs de nos chers et bien amez le sieur de

(1) Par le 8e article, les consuls et la communauté de la ville d'Agen étaient déchargés des canons, couleuvrines et munitions de guerre qui avaient été laissés dans cette ville et depuis transportés ailleurs

(2) On sait que *noste boun Henri* aimait à dire familièrement que l'on prend plus de mouches avec une cuillerée de miel qu'avec un tonneau de vinaigre.

Castelnau, commandant en nos villes de Marmande et Monsegur, et les manans et habitans d'icelles de façon qu'ils nous ont par leurs desputés fait entendre la vollonté qu'ils avoient de nous rendre à l'advenir la fidélité et obéissance qu'ils recognoissent nous devoir naturellement, nous acceptant de bon cœur leur bonne affection et desirans les faire ressentir des effectz de la nostre, par l'advis des premiers de nostre sang et autres grands et notables personnages de nostre conseil, avons dit, statué et ordonné, disons, statuons et ordonnons ce que s'ensuit :

Premièrement qu'il ne sera ez dictes villes de Marmande et Monsegur, ny ez faux bourgs d'icelles autre exercice de religion que la catholiqué, apostolique et romaine, et pour le reguard de leurs juridictions sera entretenu l'edict général sur ce faict pour toutes les villes et provinces de ce royaume.

Que la mémoire de ce qui s'est passé ez dictes villes de Marmande et Monsegur durant les présens troubles et à l'occasion d'iceux jusques à présent demeurera esteinte et assoupie, soit les desgatz faitz ez environs d'icelles, démolition de maison, couppe de bois de haute fustaye que autres, prinse de terres, vignes, bois à bastir et pierres, sur plusieurs particuliers, tant dedans que ez environs les dictes villes, pour la fortification d'icelles, cottisation et imposition de deniers sur les hommes, sans qu'ils en puissent estre recherchés à l'advenir par lesdits particuliers ausquels est défendu d'en faire aucune poursuite ; comme aussy demeurera esteint et abolly ce qui pourroit avoir esté faict par ledict sieur de Castelnau et ceux qui l'ont suivy durant lesditcts troubles, soit prinses de villes, meurtres tant par jugements et exécutions que par duels, party à party ou autrement, rançonnement de personnes, impositions et levées de deniers tant sur terre que sur rivière, desmolitions et bruslements de maisons et édifices tant privées que publiques soit du lieu de Rion que d'autres, et generalement tous autres actes faicts et commis en quelque sorte et manière que ce soit par ledit sieur de Castelnau durant lesdits troubles et à l'occasion d'isceux, en fait d'hostilité, sans qu'ils en puisse être à l'advenir recherché ni les siens en quelque façon que ce soit;

Avons accordé ausdits habitans de Marmande et Monsegur confirmation de tous leurs privilléges, franchises et libertés pour en jouir par eux comme ils en ont çi devant bien et duement jouy et jouissent encorres, comme aussy nous voulons iceux habitans de Marmande estre maintenus en la justice, tant civille que criminelle, ainsy qu'ils en ont jouy jusques à l'ouverture de cette guerre sans qu'il y soit rien innové davantage ;

Lesdits habitans de Marmande et Monsegur demeureront pareillement quites et deschargés de ce qu'ils peuvent devoir de tailhes des années passées et précédentes, ne pouvant pour ce présant leur estendre davantage nostre grâce à l'occasion de la nécessité de nos affaires.

Toutes condamnations, sentences et arretz donnés contre les dictes villes, consuls, manans et habitans dès et depuis la déclaration d'icelles, par défautz et contumaces, soit à la cour de parlement, ou ailheurs, demeureront nuls, ainsy que tout ce qui a esté commis à cause de la guerre demeurera aboly sans pouvoir estre recherché.

Sy donnons en mandement à nos amés et féaux les gens tenant nostre cour de parlement de Bordeaux et autres nos justiciers et officiers qu'il appartiendra, que ces présentes ils fassent lire, publier et enregistrer, et le contenu garder, observer et entretenir de point en point, sellon la forme et teneur et à ce faire souffrir, constraindre et faire constraindre tous ceux qu'il appartiendra par toutes voyes dues et raisonnables, nonobstant oppositions ou appellations quelconques, édicts, déclarations, arretz, jugements, mandements, défences et lettres à ce contraires, etc.

Donné à Paris, au mois de may, l'an de grâce 1594 et de nostre règne le cinquiesme.

HENRY.

Par le roy : FORGET.

Le premier président du parlement de Bordeaux, Guillaume Daffis, écrivit à Henri IV, le 8 Juillet 1594 (1). (Bibliothèque nationale, collection des *Missions étrangères*, tome CCXV) : « Les villes de Périgueulx, Agen, Villeneufve, Sarlat, ont vérifié icy les edictz qu'il a pleu à Vostre Majesté leur octroyer. Marmande où l'on doubtoit quelque mescontentement et du désordre à cause de la guarnison s'est aussi enfin bien résolu comme les lettres que les consulz m'en ont escript du troisiesme de ce moys asseurent. »

Daffis envoya au roi copie de la dépêche des consuls de Marmande, copie qui nous a été conservée avec sa propre dépêche, et que je suis heureux de pouvoir reproduire ici :

Monseigneur,

Nous n'avons voulu fallir à vous faire entandre comme sy tost que nous sommes estez arrivez en ceste ville, nous avons faict

(1) Sur ce grand magistrat et sur ses lettres à Henri IV, voir une note de la page 25 de mon *Essai sur la vie et les ouvrages de Florimond de Raymond, conseiller au parlement de Bordeaux*, 1867.

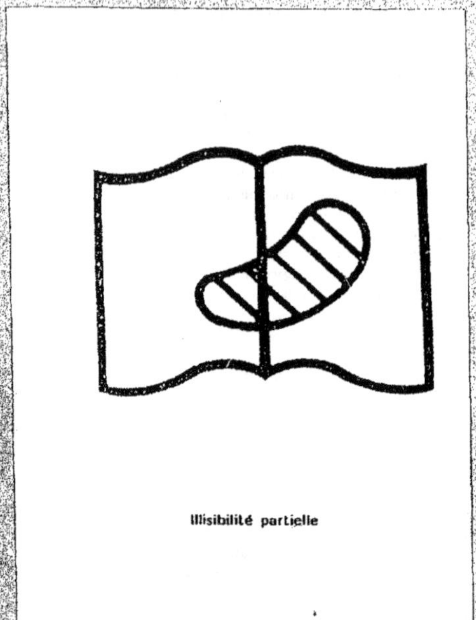

avecq Monsieur de Castelnau, nostre gouverneur, de rechef recognoissance de sa Majesté et, en signe de ce, faict procession, feu de joye, et crié vive le Roy en la meilleure solempnité qui nous a esté possible sans ce que personne aye rien remué, de sorte que maintenant sa Magesté y est si bien recogneue aultant ou plus qu'on le sçauroit désirer, et ne ferons faulte à tenir l'œil par y apprès de le faire ainsin continuer ce qu'espérons de faire avecq l'ayde et bonne conduicte qu'aurons dudict sieur de Castelnau, nostre gouverneur, qui de son costé ne s'y espargnera, comme nous en assurons, et s'il se passe rien au contraire ne faudronz à vous en advertir pour y pouvoir, nous assurant aussy tant de vous et de la Cour que s'il se passe chose au désadventaige du Roy et de ladite ville vous nous en donnerez advis et au reste nous traicterez comme bons subgetz du Roy et aurez ceste pouvre ville et habitans en singulière recommandation comme de ce faire vous en prions bien affectueusement et là où nous aurons moien de vous servir nous trouverez très affectionnez avec le général qui vous en baize les mains d'aussy bon cœur que prions Dieu, Monseigneur, vous donner en félicité vie longue.

Ce troiziesme Juillet 1594.

Ceulx qui sont voz très humbles et affectionnés serviteurs,
Les Consulz de Marmande,
Dupuy, Boisvert (1), de Bordes.

A Monseigneur d'Affis, premier président de la cour de parlement de Bourdeaux, à Bourdeaux. (2)

Le tome VI des *Mémoires de la Ligue* (édition de 1758, 6 vol. in-4°) contient les *Plaintes des églises réformées de France sur les violences et injustices qui leur sont faites en plusieurs endroits*

---

(1) En transcrivant ce nom, je ne puis m'empêcher de dire combien, de nos jours, il est dignement porté par le Maire de Marmande. L'administration à la fois si paternelle et si habile du descendant du consul de 1594, M. Charles Boisvert, laissera dans la ville embellie, transformée par ses soins infatigables, des souvenirs qui ne s'effaceront pas.

Ces lignes étaient déjà écrites en 1868. Plus que jamais je les trouve vraies aujourd'hui, et c'est avec un sentiment qui sera compris de tous les gens de cœur, qu'à une distance de quatre années si pleines de changements, je maintiens et confirme le légitime hommage rendu, en ces simples lignes, à un homme de bien aussi modeste qu'éclairé.

(2) Vers ce temps-là (1592-1593), Isaac de Brezets reçut de Marguerite de Valois, dame apanagiste du comté d'Agenais, les provisions de juge royal à Marmande. (*Inventaire-sommaire des Archives du département de Lot-et-Garonne*, 2me livraison due à M. Bosvieux, p. 2).

du Roiaume, etc. (1597). On y lit (p. 466) : « Il n'y a pas encore un an qu'un de Marmande, nommé Bley, fut tué en plein jour par le sieur de Mauvesin, accompagné d'un nommé Perret, de quoi les officiers ont si ouvertement refusé justice, qu'ils n'ont pas même daigné en enquérir. » (1).

Je ne sais à quelle année de la fin du XVIe siècle il faut rattacher un document qui semble bien être à jamais perdu et dont Darnalt nous dit à propos de l'abbaye d'Eysses (*Remonstrance*, f° 57) : Voicy ce que j'ay recueilli du discours du sieur de Valieck (2), advocat au parlement de Bourdeaux, qui fit son plaidoyé en faveur de la ville de Villeneufve contre celle de Marmande. » M. de Saint-Amans (*Essai sur les antiquités du département de Lot-et-Garonne. Notice sur Excisum*, p. 68) parle ainsi de ce plaidoyer qu'il n'a connu que par le résumé de Darnalt : « On a sur Excisum mainte fois divagué. Un avocat nommé Valic (*sic*), trompé par le nom d'Eys, ressemblant à celui d'Aix dans la prononciation ordinaire, rapporte à Sextius la fondation de cette ville et tout ce que l'histoire nous apprend de l'ancienne capitale de la Provence. Cet avocat consignait ses belles découvertes dans un mémoire pour les habitants de Villeneuve, contre ceux de Marmande, au sujet de la préséance des députés de ces deux villes aux Etats de l'Agenais. Dans le nombre des raisons qu'il fit valoir en faveur de ses clients, il en employa sans doute de meilleures, car ils gagnèrent leur procès » (3).

(1) Un Antoine Perret fut pourvu de l'office de procureur du roi à Marmande (1597-98, *Ibidem*).

(2) Jean de Valieck ou Valiech était né à Toulouse, en 1540. Il fut capitoul en 1575, et mourut en 1593. C'est l'auteur d'un poème intitulé : *Chant rogal en l'honneur de la ville et des saints gardiens de la cité*, poème dont un des auteurs de la *Biographie toulousaine* possédait une copie manuscrite. Voir sur Valieck, la Faille (*Annales de Toulouse*). La Croix du Maine (*Bibliothèque françoise*) avait connu Valieck à Paris : il a surtout loué son talent pour les anagrammes.

(3) Le volume 219 de la Collection Dupuy nous a conservé (p. 364) un Estat des charges des domaines d'Agennois et Gascoigne, Rouergue, Quercy, Gaure, etc., extrait du livre d'évaluation faite des dits domaines par MM. Tamboneau et Laubigeois, conseillers du roy et commissaires à ce députés par S. M. (seconde moitié du XVIe siècle). On voit là que le sénéchal d'Agenais touchait 600 livres tournois, le juge-mage d'Agenois 200, le procureur du roy 80, l'advocat du roi 50, le receveur du domaine 100, le contrôleur du domaine 50, le juge ordinaire de la sénéchaussée 120, les capitaines des châteaux de Marmande, de Penne et de Puymirol, chacun 100, les capitaines des châteaux de Castelculier et de la Sauvetat, chacun 50. L'exécuteur de la haute-justice recevait 12 livres.

Au commencement du XVIIe siècle, Marmande donna le jour à un éminent helléniste, le Père Combefis. Je détache des *Scriptores Ordinis Prædicatorum* d'Echard (tome II, p. 678-687) une partie de la notice si complète consacrée à ce religieux : « François Combefis, homme très célèbre parmi les érudits de son temps et parmi leurs successeurs, fut un Aquitain et eut pour berceau la ville de Marmande sur la Garonne, dans le diocèse d'Agen. Il naquit, en Novembre 1605, de parents honnêtes qui comptaient au nombre des principaux habitants de la ville. Après avoir été parfaitement instruit dans les lettres grecques et latines (1), il entra au couvent des Dominicains, à Bordeaux, en Juillet 1624, et, une année après, il y fit profession. Ses études étant achevées, il communiqua à de nombreux disciples d'abord ses connaissances philosophiques, à Bordeaux, ensuite ses connaissances théologiques, à Saint-Maximin (1637), et à Paris au couvent de Saint-Honoré (1640). Mais comme il se complaisait dans la littérature grecque, qu'il n'avait cessé de cultiver depuis le premier jour de son entrée dans l'ordre, même au milieu des exercices du noviciat et des labeurs de l'enseignement, il résolut de se consacrer désormais tout entier à corriger et à traduire les textes des Saints Pères de l'église grecque et à enrichir l'histoire orientale; il pénétra dans les plus secrètes profondeurs des bibliothèques, surtout de la Bibliothèque du roi, de la bibliothèque du cardinal Mazarin et de la bibliothèque du chancelier Seguier, où les trésors affluaient, et dont il retira de très nombreux manuscrits grecs qu'il traduisit en latin, qu'il publia ensuite en l'une et l'autre langue, et qui furent reçus dans tout l'univers chrétien avec de tels applaudissements, que le clergé de France voulut l'avoir pour éditeur, et, ce qui n'avait jamais auparavant été accordé à aucun régulier, le gratifia en 1656 d'une pension de 500 livres, qui fut élevée plus tard à 800 livres, et enfin à mille. D'anciens manuscrits grecs furent bientôt recueillis de toutes les parties de l'Europe. Les espérances fondées sur Combefis par de si généreux protecteurs ne furent point trompées, comme le prouvent non seulement les œuvres qu'il mit en lumière, révisées, corrigées, augmentées et annotées par lui, mais encore les œuvres si considérables qu'il avait préparées déjà pour l'impression, et qu'il allait publier, si la mort n'avait brisé tous ses projets. Il jouit de l'estime des cardinaux Barberini, Mazarin, des archevêques de Gondy, Pierre de Marca, Hardouin de Péréfixe, François de Harlay, Charles de Montchal,

(1) Le *Dictionnaire de Moréri* de 1759 nous présente Combefis comme un élève des Jésuites de Bordeaux. J'en fais mon compliment aux révérends Pères.

des évêques Suarez, Bosquet, etc. Il fut lié avec Luc Holstenius, Leo Allatius, Bollandus, Henschenius, Papebroch, auxquels il fournit plusieurs actes anciens en grec tirés de la Bibliothèque du roi ou d'autres bibliothèques, et dont je conserve de très aimables lettres à lui adressées. Il fut encore lié avec les frères du Puy, Thevenot, Em. Bigot, du Cange, J. B. Cotelier, Aubery, Fronton du Duc, Labbe, Cossart, et autres savants qui brillaient alors à Paris. Combefis étant regardé comme si grand par tous, à peine pourriez-vous croire combien il se trouvait lui-même petit, quel peu de cas il faisait de la renommée, avide de connaître et non d'être connu, facile et complaisant pour les autres, sévère et dur pour lui-même. Nous admirions tous cet homme qui, malgré son faible et chétif tempérament, se refusait presque la nourriture, n'usait pour ainsi dire pas de vin, obéissant rigoureusement aux règles de l'abstinence et du jeune, au milieu même de la maladie, et qui gardait une humeur toujours égale, en dépit des atroces douleurs de la pierre, auxquelles il finit par succomber, le 23 Mars 1679, dans la 74e année de son âge et la 54e année de sa profession. »

Jacques Echard, après avoir rappelé l'éloge fait de Combefis dans le *Journal des Savants* du 21 Août 1679 (1) et dans *les Hommes Illustres qui ont paru en France pendant le* XVIIe *siècle*, par Charles Perrault (1701) (2) énumère tous les ouvrages de

(1) A propos de l'édition posthume des œuvres de Saint-Basile : *Basilius magnus ex integro recensitus*, etc. « C'est, dit l'auteur de l'article, le dernier ouvrage que nous devons au feu P. Combefis. Il s'estoit si fort attaché à l'étude des Pères grecs que peu de gens le surpassaient en l'intelligence de leurs ouvrages. Ce qu'il nous en a donné le fait voir assez clairement. Il avait un attachement particulier pour Saint-Basile, dont il avait tâché d'imiter l'innocence et la sainteté pendant toute sa vie, et il ne souhaitait de la prolonger que pour voir entre les mains du public les notes et les corrections qu'il avait faites sur toutes les éditions qu'on nous a données de ce Père... Ce qu'il avait de particulier, c'est qu'il estait encore meilleur religieux que bon auteur, et le couvent de Saint-Honoré où il a passé la meilleure partie de sa vie est si plein des bons exemples qu'il a donnés des plus hautes vertus, qu'on le regarde comme un des plus saints écrivains de cet ordre » (p. 226).

(2) Perrault parle ainsi de Combefis : « Personne n'a jamais pénétré plus avant que lui dans la connaissance des auteurs qui ont écrit dans les premiers siècles de l'Eglise, et particulièrement des Pères grecs qu'il a presque tous traduits de nouveau ou illustrés de notes très-curieuses et très-instructives. » Il ajoute que ses parents tenaient un rang assez considérable dans le barreau. Il dit encore : « On s'étonnera toujours en voyant le dénombrement des livres qu'il a traduits et enrichis de notes, et de ceux qu'il a composés, qu'un homme d'une

son docte confrère, et cette énumération ne remplit pas moins de quinze colonnes et demie in-folio (1). Je n'ajouterais rien à ce que l'on vient de lire, si je n'avais eu entre les mains un manuscrit de la bibliothèque de l'Arsenal (in-4°, coté 368, B. L. F.) et intitulé : *Correspondance du Père Combefis*, de 1638 à 1677. Quand je vis pour la première fois le titre de ce manuscrit, je crus qu'il s'agissait là de lettres écrites par l'érudit Marmandais, et je n'ouvris point sans quelque émotion un volume qui aurait eu pour moi tant de prix. Mais malheureusement ce n'était qu'un recueil de lettres reçues par Combefis. La plupart de ces lettres lui furent adressées de Rome soit par le supérieur général de l'ordre des dominicains, soit par Dominique de Marinis. Je traduis ce fragment d'une lettre en latin (26 Novembre 1644) du supérieur général (p. 3) : « Nous vous félicitons et nous félicitons notre Ordre tout entier, de tant d'excellents ouvrages publiés par vos soins, que nous venons de lire assidument et d'un cœur joyeux. Nous vous invitons à poursuivre avec tout le zèle possible une entreprise destinée à rendre tant de services à l'église et aux savants. Si nous pouvons en quelque chose favoriser vos travaux avertissez-nous-en seulement, et aussitôt nous nous efforcerons de vous venir en aide. Nous vous procurerons aussi un illustre et bien important auxiliaire, Luc Holstenius, auquel vous pouvez librement écrire par notre intermédiaire, etc. » Voici maintenant quelques lignes d'une lettre de Dominique de Marinis (6 Janvier 1646, p. 5) : » Mon révéreud Père, salut. Vos congratulations me sont aggreables, mais encore davantage la pièce de Saint-Jean Chrysostome que m'avez envoyée (2), voyant

---

complexion si faible et si atténuée par les travaux de la pénitence, ait pu suffire à tant d'ouvrages. » Il vante beaucoup sa piété sans égale, et il termine ainsi sa notice : « Dans la vérité cet excellent homme mériterait encore mieux d'être mis dans le catalogue des saints, que parmi les illustres dont on fait ici les éloges. » Il faut rapprocher de la notice de Perrault les *Jugements des Savants* d'Adrien Baillet (1685). Baillet déclare que la République des lettres aura « des obligations immortelles » à ce critique (p. 470 du tome II de l'édition in-4° de 1722). Voir encore les *Mémoires* de Niceron (t. XI, p. 185) et la *Bibliothèque des auteurs ecclésiastiques* d'Ellies Dupin, XVIIe siècle.

(1) Une énumération moins complète, mais bien étendue encore, se trouve dans l'article *Combefis* du tome XI de la *Nouvelle Biographie générale.*

(2) *S. Joannis Chrisostomi, archiepiscopi Constantinopolitani, homélia,* etc., 1645, in-4°, de 86 pages. Dom Bernard de Montfaucon (p. 287 de la seconde partie du tome VIII de son admirable édition des *Œuvres de Saint-Jean Chrysostome*, 1728) assure que le peu d'épaisseur de ce volume fut cause que, dans le monde savant, on n'y fit pas assez attention. D'Ansse de Villoison

comme mes disciples se font de l'honneur, et vous pouvez croire que je contribueray tout ce que je pourray pour vos ouvrages, y estant à part de la gloire que vous en recevez. Je fairay parler à M. Leo Allatius, et le fairay solliciter pour les pièces que vous désirez de luy et si en autre chose je vous puis servir, faites le moy savoir, etc. »

Baluze (tome XXV, p. 181) nous a conservé cet extrait des registres du Conseil d'Etat, en date du 18 Novembre 1610 :

« Sur la requête présentée par les consuls, manans et habitans de la ville de Marmande contenant plusieurs articles tendant :

Par le premier d'iceux, à ce qu'il pleust au roy leur confirmer leurs privilèges, concessions, possessions, franchises, droits et libertés, mesmes de tenir leurs biens et héritages dans la ville et jurisdiction en franc alleu quittes et exempts des francs fiefs et nouveaux acquetz tout ainsi qu'ils en ont bien et paisiblement jouy jusques à présent ;

Par le deuxiesme article, à ce qu'il pleust à S. M. les maintenir en la possession de l'exercice et administration de la justice criminelle en la dite ville à eux appartenant par l'achat qu'ils en ont fait des feus roys, confirmés par l'édit de l'an 1572 nonobstant les provisions obtenues par Barthelemi de Labat en conséquence de l'édit de création d'un lieutenant criminel en chacune jurisdiction à l'installation duquel ils se sont opposés (1), comme aussi à l'installation de M. François Dupin, assesseur criminel, ou en tout cas les recevoir à rembourser les dits de Labat et Dupin de la finance actuellement entrée ès coffres de S. M. moyenant lequel

(Lettre à Chardon de la Rochette insérée dans les *Mélanges de critique et de philologie* de ce dernier, t. II, 1812, p. 339) dit quelques mots de cette plaquette de « l'habile dominicain, » comme il appelle Combefis auquel il reproche son latin obscur et entortillé. Niceron avait déjà critiqué ce même latin. D'autres avaient dû le faire avant lui, puisque J. Echard se plaint, à la fin de sa notice sur Combefis, de ces censeurs exigeants qui cherchent *nodum in scirpo*, suivant un proverbe déjà employé par Ennius, et que traduit si bien notre mot vulgaire : Chercher du poil sur les œufs ; ce mot que Jasmin appliqua si plaisamment avec sa chatouilleuse vanité de poète et sa soudaine vivacité de gascon, aux observations un peu minutieuses qui lui étaient adressées par Augustin Thierry.

(1) Henri IV avait accordé, moyennant finance, des lettres pour l'exemption de toutes charges royales et communales autres que l'impôt à Raymond de Labat, marchand de Marmande. (*Inventaire* de M. Bosvieux, p. 4. 1603-1606). Le Barthelemi de Labat dont il est ici question eut sans doute un fils qui devint son successeur dans la charge de lieutenant criminel, Pierre de Labat (*Ibidem*, p. 9, 1613-1637).

remboursement les dits officiers demeureront supprimés à leur proffict ;

Par le troisiesme article, à ce qu'il pleust au roy faire desfence à Guilhaume Pigousset, cappitaine du château de la dite ville, de prendre qualité de cappitaine d'icelle ville ny prétendre aucune préséance sur les consuls de ladite ville soubs prétexte de ladite qualité qu'il a fait glisser dans ses lettres de provision (1) ;

Par le quatriesme, à ce qu'il pleust au roy ordonner fonds de 1200 livres pour faire faire d'an en an leurs robes consulaires, habiller leurs sergents, payer leurs gages, ensemble pour leur ayder à subvenir aux grandes despences qu'ils sont contraints faire à la réception des lieutenants généraux et autres seigneurs venant de la part de S. M ;

Par le cinquiesme, à ce qu'il pleust à sa dicte Majesté descharger les thrésoriers de l'hostel-dieu de Marmande et les suppliants des poursuictes faictes contre eux en la chambre de la charité chrestienne, pour la reddition des comptes du reveneu dudict hostel-dieu, avec desfences à la dicte chambre d'en congnoistre, et que les comptables continueront à rendre leurs comptes au bureau des pauvres estably en la dicte ville suivant l'ancien ordre nonobstant la sentence donnée en la dicte chambre de la charité chrestienne ;

Par le sixiesme, à ce qu'il pleust au roy faire desfenses à toutes personnes de les troubler en la jouissance de la ferme des boucheries, droit du sucquet (2) et mesurages de bled qui se vend en ladicte ville dont ils jouissent de tout temps et leur permettre de bastir un lieu à mettre les estaux des dictes bouche-

---

(1) Jean Pheletin était capitaine de Marmande et de la Sauvetat de Caumont de 1606 à 1608. (*Ibid.*, p. 5). A la même époque, Cugnolz et Longueville, dont était seigneur Hugues de Massiot, conseiller au parlement de Bordeaux, faisaient partie de la châtellenie de Marmande. (*Ibid.*) En 1636, c'était noble François de Massiot, écuyer, qui possédait la terre de Cugnolz qui appartint ensuite à la famille de Guyonnet (*Nobiliaire de Guyenne*, t. I, p. 408), et qui est aujourd'hui possédée par Mme Ve de Labarre.

(2) Le comte de Pastoret, dans son discours sur les diverses sortes de contributions publiques en France (en tête du tome XVI des *Ordonnances des rois de France*, 1814), rappelle que Charles-le-Mauvais, roi de Navarre, lieutenant du roi de France, avait donné, en 1351, aux habitants de Villeneuve-d'Agen, la faculté d'établir un droit de *Soquet* ou *Souquet*; impôt sur les vins vendus en détail, pour fournir principalement à la clôture de la ville et à ses autres besoins, faculté dont l'exercice leur fut confirmé, en 1369, par Louis, duc d'Anjou. (*Ordonn.* XV, p. 356.) Ce soquet, ajoute M. de Pastoret, était le 8me du vin vendu en détail.

ries joignant la halle de la dicte ville au lieu appelé la Bladière ;

Par le septiesme, à ce qu'il pleust à S. M. leur confirmer l'octroy de deux deniers sur chascun tonneau de vin descendant par la rivière de Garonne et cinq sols sur chascun tonneau de vin qui se vendra et débitera en la dicte ville pour employer en la réparation des murailles d'icelle que la dicte rivière de Garonne a sappées et mis par terre, leur permettre aussy d'establir un droit de poids en la dicte ville pour le tenir soubz telle redevance qu'il plaira à S. M. ;

Par le huictiesme, à ce qu'il pleust à sa dicte Magesté les exempter de la contribution aux frais qu'il conviendra faire pour la construction du pont de Villeneufve attendeu qu'ils ne reçoivent aucune commodité dudit pont (1) ;

Le Roy en son conseil a confirmé et confirme les privilèges cy devant accordés ausdicts habitants de Marmande pour en jouir bien et deuement ainsy qu'ils ont faict par le passé et jouissent encores à présant, et pour le regard des francs fiefs S. M. les en descharge attendeu la surséance qu'elle a faict de la levée des dicts droits partout son royaume ; sur le conteneu au 2e et 3e articles ordonne que les parties seront oyes audict Conseil pour leur estre faict droict mesme sur le remboursement offert de la finance desdicts de Labat et Dupin, et sur le 4e article, S. M. ayant cy-devant ordonné au sieur Martin, trésorier général de France en Guyenne, de regler les despences nécessaires pour les affaires communes des villes de ladicte généralité qui n'ont aucuns deniers patrimoniaux ny d'octroy, s'il n'a été jusques à présant pourveu ausdicts habitants, S. M. leur accorde de pouvoir lever sur eux par chascun an la somme de 600 livres pour employer à leurs affaires communes ; sur le 5e article se retireront les dicts suppliants par devant les commissaires de la chambre de la charité chrestienne pour, veu leurs titres, leur pourveoir, et cependant leur donner main levée par provision ; sur le 6e S. M. a cy devant revocqué le party de la recherche des boucheryes, et pour le regard des droits appelés sucquet et d'un liard pour mesurage du bled, lesdits suppliants se retireront par devers les trésoriers généraux de France en Guyenne pour, veu leurs titres, et après avoir informé de la jouissance desdicts droicts, en donner advis

(1) Un chercheur aussi zélé qu'obligeant, M. Henri Barckhausen, a bien voulu m'apprendre, d'après les registres du Bureau des Finances de Guyenne conservés aux Archives départementales de la Gironde, que François Bucher, le même architecte qui, en 1610, acheva la plateforme commencée par Louis de Foix au pied de la tour de Cordouan, fit, vers la même époque, le plan du beau pont de Villeneuve-sur-Lot.

à S. M. pour en ordonner ainsy que de raison, et sur le 7e article sa dicte Majesté a ordonné et ordonne que lesdicts trésoriers de France informeront tant de la jouissance dudict droict de deux deniers par tonneau de vin descendant par la rivière de Garonne et des cinq sols sur le vin qui se vend et débite en la dicte ville que de la ruyne des murailles et réparations qui seront nécessaires mesmes à cause du débordement que fait la rivière de Garonne, pour ledict advis rapporté en estre ordonné par S. M., et sur le 8me article sa dicte Majesté ne peut descharger lesdicts habitans des frais de la construction dudict pont de Villeneufve, ayant esté jugé nécessaire pour le bien des habitans de la séneschaussée d'Agenois de laquelle sont les supplians.

Faict au Conseil d'Estat du roy teneu à Paris le 18e jour de Novembre 1610.

Le même jour, Louis XIII ordonna à ses amés et féaux conseillers les trésoriers généraux de France au Bureau de ses finances établi à Bordeaux de faire imposer et lever dorénavant chaque année sur les habitants de Marmande le plus justement et également que faire se pourra la somme de six cents livres avec les frais raisonnables de la dite levée (*Ibidem*, p. 185).

Au mois de Décembre de la même année, Louis XIII confirma par des lettres spéciales, « la reyne régente, sa mère, présente, » les privilégés, possessions, franchises et libertés jadis accordés aux habitants de Marmande, de même que le droit « de tenir leurs fonds et héritages en franc alleu, ensemble l'exemption des droits de franc fief et nouveaux acquèts esquels ils ont esté maintenus et conservés, ainsi que du tout apert par la sentence des commissaires députés en l'année 1474 pour la recherche desdicts droits de franc fief, etc. » (1). Les lettres de Louis XIII furent enregistrées à la chambre des comptes le 30 Décembre 1610 et au parlement de Bordeaux le 22 Mars 1611.

Le philologue allemand Just Zinzerling, qui nous a laissé un si curieux guide de l'étranger en France sous le titre de : *Jodoci Sinceri Itinerarium Galliæ* (Lyon, 1612, in-12. *Ibidem*, 1616, etc.), parle ainsi (p. 173) d'un usage singulier qui existait alors à Marmande, à l'hôtel des Trois Rois : « Marmandam, urbem non inelegantem (2), ubi hospitium ad insigne III regum, in quo non

(1) Les habitants de Marmande avaient déclaré dans leur requête que la plupart de leurs titres et papiers étaient perdus, ayant été pillés et brûlés durant les troubles.

(2) Je constate avec plaisir que Zinzerling, en vantant l'élégance de la ville de Marmande, est d'accord avec Abel Jouan qui signalait, une cinquantaine d'années auparavant, la beauté de la même ville. Dans les *Délices de la France*

solum lautis cibis, sed et basiis (hunc morem à multis annis observant) excipieris ultroneis. » (1).

Le samedi 12 Mars 1621 (2), le duc d'Elbeuf, qui avait été averti, devant les murs de Montravel, de la prise de Tonneins par les protestants, arrive en toute hâte à Marmande. Le même jour, le maréchal de Thémines vint avec ses troupes l'y rejoindre. « où, » selon Malingre (*Histoire de la Rébellion*, t. II, p. 178) « se firent de grandes caresses de part et d'autre. Incontinent fut tenu conseil au logis de M. le duc d'Elbeuf, où fut resolu que sans plus retarder on iroit assiéger Tonneins qui estoit distant de là de deux lieues. On séjourna à Marmande jusques au 15 Mars, d'où l'on partit ce mesme jour au matin pour aller à Tonneins. »

On voit dans les *Mémoires des choses passées en Guyenne* (1621-1622) rédigés par Bertrand de Vignolles, et dont j'ai récemment donné une nouvelle édition (3), que ce capitaine se tint souvent à Marmande. Il s'y trouvait notamment avec le duc de Mayenne, en juin 1621, quand ce dernier se préparait à aller attaquer Nérac (p. 38). Lorsque Mayenne, le même mois, mit le siége devant Caumont, il reçut de Marmande, selon Vignolles, (pp. 44-45) deux grands bateaux armés, pleins de bons soldats, et à la tête de chacun desquels était une pièce d'artillerie (4).

---

ou Description des provinces, villes principales, maisons royales, châteaux et autres lieux remarquables de ce beau royaume (édition de Leyde, 1728, t. II, p. 285, on met Marmande au nombre des « villes très-agréables, et où l'on peut passer doucement sa vie. » Je suis étonné de ce qu'aucun de ces voyageurs n'ait vanté l'abondante et magnifique source placée au centre à peu près de la ville et connue sous le nom des Neuf-Fontaines. Les neuf tuyaux par lesquels s'écoule perpétuellement et à grands flots l'eau si claire et si pure de cette source rappellent la fontaine aux neuf jets que l'on admirait à Athènes, dans le voisinage de l'Acropole (Thucydide, II, XV ; Isocrate, *Discours sur l'Antidosis*).

(1) En quelle rue donc se trouvait cette patriarcale auberge à l'enseigne des Rois Mages, où la cuisine était si exquise et où l'on donnait au voyageur des baisers si empressés ?

(2) En 1619, Jean de Vigouroux, docteur en médecine de la ville d'Agen, chargea du soin de ses funérailles son fils Guillaume, archiprêtre de Marmande. (*Inventaire* de M. Bosvieux, p. 20). — En 1621 parut à Paris, in-4°, un ouvrage sur l'art militaire composé par un Marmandais : *La milice royale de l'infanterie volante*, par le sieur de Renol, de Marmande en Gascogne (avec un portrait que l'on croit avoir été gravé par le célèbre Thomas de Leu).

(3) *Collection méridionale*, t. Ier, 1869.

(4) Jacques Nompar de Caumont, dans une lettre écrite de Clairac le 2

Labenazie nous apprend (t. II, p. 473) que « Tonneins ayant été justement rasé pour sa rébellion et son hérésie, les Carmes qui y avaient été établis furent transférés à Marmande. » Cet annaliste ajoute que les Filles de l'Annonciade furent aussi, vers la même époque, établies à Marmande et à Villeneuve. Enfin, pour ne rien omettre de ce qui concerne les origines des divers monastères de Marmande, je rappellerai, d'après Labenazie, que ce fut du temps de Mgr Claude de Gélas, c'est-à-dire de 1609 à 1630, que les Pères Capucins s'implantèrent dans trois villes de son diocèse, Villeneuve, Marmande et le Port-Sainte-Marie (1).

En Novembre 1621, il arriva à Marmande une étrange aventure à Bassompierre, qui avait été obligé par la maladie de s'éloigner des murs de Monheurt qu'assiégeait alors Louis XIII. Bassompierre en parle ainsi dans ses charmants *Mémoires* (2) : « Pour moy je descendis jusques à Marmande, mon mal se rengregeant d'heure en heure de telle sorte que je n'eus pas la force d'aller jusques à la Réoulle, et fus contrainct de me jetter en une méchante hostellerie, aux faubourgs de Marmande, où je fis tendre mon lict pour y coucher, attendant quelque médecin, ou espérant d'en trouver à Marmande, comme je fis, mais un médecin de village. De bonne fortune m'arriva en mesme temps un empirique que M. d'Estissac m'avait envoyé, nommé du Bourg, qui n'estoit qu'un invrongne, mais qui avoit d'excellents remèdes. Sur les neuf heures du soir m'arriva aussi un médecin du roy, excellent, nommé Le Mire, que le roy m'envoya, lequel, pour m'oster le furieux tintouin que j'avois dans la teste, de l'advis des autres médecins, me fit scarifier et appliquer des ventouses sur les épaules. Ce fut vers les onze heures du soir,

---

avril 1622 à la marquise de La Force, lui annonce que M. de Thémines, malade, a été porté à Marmande (*Mémoires*, t. III, p. 245); mais c'était là une fausse nouvelle. Le maréchal de Thémines, malgré la fièvre qui le consumait, ne voulut pas s'éloigner de l'armée. Voir à ce sujet une note à la page 70 de mon édition des *Mémoires* de Vignolles.

(1) Aux railleries si fréquentes contre les *inutiles capucins* répond bien éloquemment, ce me semble, cette citation d'un paragraphe de l'*Inventaire* de M. Bosvieux (p. 37) : « 1679-80. Confirmation des priviléges des capucins, en considération des services que leur ordre a rendus pendant la peste, où 278 des leurs ont trouvé la mort dans l'accomplissement de leur devoir. »

(2) Je cite d'après le manuscrit de la Bibliothèque nationale (Fonds français, 4063), toutes les éditions étant plus ou moins infidèles et faisant bien vivement désirer que M. le marquis de Chantérac publie le plus tôt possible celle dont le soin lui a été confié par la Société de l'Histoire de France.

Le 1er volume de cette édition a paru en 1870 : il s'arrête à l'année 1614.

quand en mesme temps nous ouysmes tirer force coups de pistolletz dans cette rue du faubourg qui est sur la Garonne. C'estoient les gendarmes de M. le connestable que les ennemis poursuivoyent, les ayant chargés dans Puch-de-Gontaut (1), le mesme soir qu'ils y estoyent arrivez. Sur ce bruict, mes gens en dilligence me mirent une serviette sur les épaules qui estoient toutes en sang, puis me mirent une robbe de chambre et me firent emporter en cet estat par quatre de mes hallebardiers suisses et cinq ou six autres et ce qu'ils purent ramasser m'accompagnèrent jusques près de la porte, puis coururent se barricader dans mon logis tascher de sauver avec eux mes chevaux, ma vaisselle et mon équipage. Ils creurent que j'estois entré, et ne demeura avec moy que ces quatre Suisses, les deux médecins Le Mire et du Bourg avec deux vallets de chambre, mais comme j'aprochoy de la porte ils me salluèrent de quelques mousquetades, croyans, à ce qu'ils me dirent depuis, que c'estoit le petart qu'on leur venoit attacher à leur porte. Mes gens leur crièrent que c'estoit le mareschal de camp qui commandoit l'armée, celluy qu'ilz estoyent venus saluer à la descente de son batteau, et que s'ils ne mourroyent, ils s'en repentiroyent, mais pour tout cela ils ne sceurent jamais gaigner autre chose sur eux sinon qu'ilz me permettroyent de me mettre soubz un petit corps de garde ouvert qui estoit au dedans de leur barrière, qu'un homme vint ouvrir pour m'y faire entrer, lequel la referma sur moy en mesme temps et puis se jetta sur un petit pont-levis qui fut levé en mesme temps. Ainsy je fus enfermé dans cette barrière sans pouvoir plus rien mander à mes gens, lesquels croyans que je fusse entré dans la ville ne s'occupèrent qu'à garder mon logis, et ceux de la ville ne me voulurent jamais ouvrir qu'il ne fust sept heures du matin. J'estois estendu sur une table tout rempli du sang de ma scariffication qui s'estoit figé et attaché à la serviette que l'on avoit mise dessus, et qui s'escorchoit de temps en temps, avec un espoinssonnement furieux dedans la teste, et une forte fiebvre continue n'estant couvert que d'une robe de nuit assez légère dans un temps très froid, car c'estoit le vendredy vingt sixiesme novembre, ce que je puis dire avoir esté le plus grand tourment et mal que j'aye senti de ma vie, qui me fit cent fois souhaitter la mort. Enfin Messieurs de Marmande m'ouvrirent les portes de leur ville et m'y donnèrent un bon logis. J'y fis tendre mon lict et y demeuray malade à l'extrémité d'une fiebvre de pourpre qui enfin le treiziesme jour finit par

(1) Bassompierre s'est trompé. Il faut substituer en cet endroit le nom de Gontaud au nom de Puch de Gontaud, comme j'en fournirai prochainement la preuve dans ma *Notice sur la ville de Gontaud*.

une forte crise. Le dix-septiesme je me fis porter sur le batteau et l'on me descendit à la Réoule. »

Louis XIII, étant parti de Sainte-Foy le 28 Mai 1622, se rendit à Agen le premier Juin, après avoir passé par Montségur, Marmande et Aiguillon. Sur le passage de Louis XIII à Marmande je citerai cette note extraite d'un manuscrit qui m'a été gracieusement communiqué par M. Gustave de Colombet : « Le XXVIII dudit mois de may nostre roy Louis tresziesme est entré dans ladite ville de Marmande et n'a voleu que les habitans se soient mis en armes pour le recepvoir et a disné au jardin de Delage, hoste, et le lendemain est allé couché à Esguillon, ayant couché dans la maison du sieur Maurin, au Canton. » Le *journal de Jean Héroard*. (Bibliothèque nationale, Département des manuscrits, Fonds français, nº 4026) complète ainsi cette note : « Le XXIX, dimanche, esveillé à quatre heures et demi après minuict. Va à l'église et à six heures et demi monte à cheval et part de Montségur et à dix heures arrive à Marmande. Disne. Fleurs de buglosse en salade au sucre et au vinaigre, fraises au nu et au sucre, ung aileron de chapon bouilli, veau bouilli, la mouelle d'un os, pois escossés, chevreau en carbonade, riz de veau friz, les ailes d'ung pigeonneau, rosty avec pain essuié, les pilons d'ung oison rosty, mouton haché sur l'espaule avec pain essuié et jus de mouton, bigarreaux, cerises nouvelles confites, pain, peu. Beu du vin cleret fort trempé. Dragées de fenouil la petite queuillerée. Va en son cabinet, y fait porter de la paille fraische, se couche dessus pour se rafraischir. Il faisoit une extrème chaleur. A deux heures au Conseil. A cinq heures et demi va passer l'eau, à la chasse de la harquebuse. Revient aux Trois Mons, hostellerie où soubz une feuillée il a soupé à huit heures. Fraizes au vin et au sucre, laitue, cerises nouvelles, pois escossés sur un chapon bouilli, deux jaunes d'œufs, six crètes de coq, l'estomac de deux pigeonneaux rostys, deux cuisses de poulet rosty lardé, quatre hortolans, trois petits choux à la crème, tourte à la crème et aux fraises, ung peu d'une tourte de raisins de Corinthe, fleurs d'orangers dans une petite tourte, prunes vertes confites. A neuf heures, devestu. A neuf heures trois quart s'endort jusques à cinq heures après minuict... Le XXX, lundy, va à l'église et à six heures et demi part de Marmande et passe en bateau la rivière du Lot et arrive à neuf heures et demi à Esguillon. » (1).

(1) En 1622, Louis Bertin, prêtre et recteur de Virazeil et de ses annexes Saint-Pardoux de Bruhl et Sainte-Abondance, docteur en théologie, fit un testament par lequel il voulut être inhumé dans l'église des Cordeliers de Marmande. Son héritière fut Antoinette de Cousqué. (*Inventaire* de M. Bos-v. IX, p. 21).

En 1624 était premier consul de Marmande Guillaume de Pigousset, comme l'établit une procuration dont la minute authentique m'a été confiée par M. Romain de Pigousset, ancien maire de Birac (1). Cette procuration est trop intéressante pour que je n'en reproduise pas ici la plus grande partie :

Aujourd'hui vingtiesme du moys de decembre mil six cens vingt-quatre après midy dans la ville de Marmande en Agennois et dans la maison de Noble Guillaume de Pigousset, escuyer, sieur du molin noble de la Thizouenque (2) et premier consul de la dicte ville, par devant moy notaire royal d'icelle et en la présance des tesmoingtz soubz escriptz et nommés a esté constitué en sa personne ledict sieur de Pigousset lequel de son bon gré et vollonté a constitué son procureur général et spécial sans que l'une qualité desroge à l'autre noble Guilhaume Dauber de Peyrelongue, escuyer, expressement et par exprès pour et au nom dudict sieur de Pigousset constituant se porter et rendre dans la maison et devers la personne de Messire François de Cascq, seigneur et baron de Marcellus, Gaujac et autres places, et là estant au devoyr requis rendre la foy et hommage et serment de fidellité soubz le devoyr d'un *(sic)* paire de gans audict seigneur baron de Marcellus et Gaujac au nom dudict sieur de Pigousset comme seigneur dudict molin noble de la Thizouenque et ce faisant obtenir descharge dudict seigneur de Marcellus de fournir par ledict sieur de Pigousset constituant autre desnombrement et adveu dudict molin de la Thizouenque que l'acte de l'hommage quy sera rendu comme ne consistant qu'au corps du dict molin,

(1) Le premier consul de 1624 était-il un fils du capitaine du château de Marmande qui portait le même nom et le même prénom que lui et qui figure dans le document du 18 novembre 1610 ci-dessus rapporté? Etait-ce le capitaine lui-même? Les plus précieux papiers de famille de M. R. de Pigousset ont malheureusement péri dans les flammes, pendant la Révolution, mais la tradition veut que les Pigousset aient joué un rôle important à Marmande. Une fontaine y garde encore leur nom (près des Bains). M. R. de Pigousset possède un admirable livre d'heures gothique que Philippe Pigouchet acheva d'imprimer à Paris pour le libraire Simon Vostre, le 4 juin 1497 (Jacq. Ch. Brunet, qui a mentionné, de la colonne 1569 à la colonne 1587 du tome v de son *Manuel du libraire*, un grand nombre des livres d'heures de Ph. Pigouchet, n'a pas connu l'édition que je signale ici.) Pigouchet et Pigousset étant évidemment le même nom, faut-il voir dans le célèbre imprimeur du xve siècle, dans le digne rival de Verard et de Jean du Pré, un des aïeux du capitaine et du consul du xviie siècle, et le beau livre pieusement conservé par leurs descendants est-il un glorieux joyau de famille?

(2) Il a été question ici de ce moulin à la date du 31 décembre 1321.

jardin, gourgue et eschac d'icelle, lequel est assis et situé dans la juridiction dudict Marcellus et paroisse de Gaujac lequel confronte vers le levant aux terres des héritiers de feu Monsieur Maistre Jean de Morin, conseiller du roy en la cour et chambre de Guienne (1), appellées La Matte, du nord à la rivière de Garonne, du midy au chemin publiq et du couchant à la meyterie du sieur de Pigousset mouventhe dudict seigneur de Marcellus et finallement rendre ledict hommage suyvant les formes en tel cas requises (2).

On lit dans l'*Histoire du cardinal François de Sourdis*, par M. Ravenez (1867, in-8°, p. 532, à l'année 1626) : « Les Observantins de Marmande se plaignirent au cardinal de ce qu'en l'absence de l'évêque d'Agen, M. Balthazar de Gélas, son vicaire général, leur avait interdit de confesser et de prêcher, quoiqu'ils y eussent été régulièrement autorisés par l'Ordinaire. Ils lui exposèrent que cette mesure leur ôtait toute espèce de ressources, puisque, aux termes de leurs statuts, ils devaient vivre d'aumônes, et que l'interdiction dont ils étaient frappés tarissait la source des offrandes des fidèles. Leur lettre fait connaître que, dans leur église de Marmande, il y avait une très-grande affluence de peuple le troisième dimanche de chaque mois, le 3 Août, le jour de N. D. des Anges, à la Nativité et le jour de la fête de Saint-François, leur père spirituel, et qu'un grand nombre de fidèles venaient s'y confesser et communier, pour gagner les indulgences attachées aux actes de dévotion accomplis pendant ces solennités. » M. Ravenez ajoute que le cardinal de Sourdis crut devoir communiquer cette plainte à M. Balthazar de Gélas ; il donne *in-extenso* la réponse de ce dernier, et nous apprend que, dans l'intérêt de la discipline, l'archevêque rendit une ordonnance qui défendait à tous religieux de la ville et du diocèse d'Agen de prêcher dans aucune église sans l'agrément du curé ou sans une autorisation expresse de l'évêque ou de son vicaire général (3).

---

(1) Jean de Morin fut reçu conseiller au parlement de Bordeaux en 1600. De lui descendait en droite ligne feu M. Edmond de Morin, baron du Sendat, ancien membre du Conseil général de Lot-et-Garonne pour le canton de Casteljaloux.

(2) L'acte, rédigé par Vialar, notaire royal, est revêtu des signatures Dauber de Peyrelongue et Pigousset. Les deux témoins furent messire Pierre Daspe, bachelier en théologie, archiprêtre et recteur de Marmande, et maistre Jehan Galaup, notaire royal, habitant de Marmande.

(3) En 1632, donation fut faite par Jeanne Lapeyre au couvent de N. D. des Carmes de la ville de Marmande d'une terre située près de cette ville, au lieu

En 1637, l'Agenais fut troublé par la révolte des *Croquants*. Le duc d'Epernon, alors malade à Cadillac, écrivit au duc de la Vallette, son fils, qui était à Bayonne, de venir promptement au secours de la province avec quelques-unes des troupes qui, sous son commandement, gardaient la frontière. La Vallette partit à l'instant, se rendit au château de Cadillac afin d'y recevoir les instructions de son père, et repartit le lendemain pour Marmande, où il trouva quelques troupes et quelques gentilshommes assemblés déjà, par ordre du duc d'Epernon, sous la conduite du marquis de Monferrant, maréchal de camp et lieutenant de la compagnie de gendarmes. Ce fut de Marmande que le duc de la Vallette marcha sur la Sauvetat du Dropt où les révoltés s'étaient fortifiés et où, dans les premiers jours de juin, il en fit un si grand carnage *(Histoire de la Vie du duc d'Espernon*, par Girard, édition in-4° de 1730, p. 551-552).

Louis Coulon *(Les rivières de France*, 1644, p. 515) a recueilli cette légende marmandaise : « On trouve encore le Trec plus bas approchant de Marmande, qui se décharge en la Garonne près d'un prieuré de Grammont, dont ceux du pays tiennent pour assuré, comme ils me l'ont raconté, que le diable caché sous le feu de la foudre, enleva la cloche de l'église et la porta dans le Trec, et que lorsque la tempête agite les flots de ce torrent sujet aux débordements, on entend le son de cette cloche assez sourd, comme s'élevant du fond d'un abîme. »

« L'an 1648, dit Labenazie (t. I. p. 339), M. d'Espernon commença la guerre contre les Bourdelois, et pour s'en rendre maître, il se saisit de Marmande sur Garonne et de Libourne sur Dordogne, pour être maître de ces deux rivières et ôter les vivres à Bourdeaux (1). Cela causa tous les mouvements de la province.»

---

appelé le Pas Saint-Georges. *(Inventaire* de M. Bosvieux, p. 24). Golnitz, dans son *Ulysses Belgico-Gallicus*, (1631, page 607) assure qu'alors la marée commençait à se faire sentir à Marmande. M. Fr. Michel (note de la page 6 du tome I de son *Histoire du commerce et de la navigation à Bordeaux)*, rapporte qu'au XVIe siècle, Gilles le Bouvier disait de la Garonne que « la mer la reculle jusques à la Réolle. » Aujourd'hui le flux de l'Océan cesse d'être sensible à Saint-Macaire.

(1) C'est ce qu'avait dit d'une façon plus pittoresque l'auteur de l'*Histoire des mouvemens de Bourdeaux* (Fonteneil), p. 35 (in-4°, 1651) : « Si bien qu'il estoit asseuré de faire tarir deux mamelles à Bourdeaux, la Garonne par Marmande, et la Dordogne par Libourne, deux puissantes rivières capables de nourrir un royaume... » Ce fut, ajoute Fonteneil, à la faveur des troupes qui revenaient de la Catalogne en Guyenne, que le duc d'Epernon mit une garnison dans Marmande.

Le 18 novembre 1649, le duc d'Epernon était à Marmande où il avait peu de troupes (Lettre du chevalier de Vivens au cardinal Mazarin dans le tome II des *Archives historiques du département de la Gironde*, p. 58). Le 6 décembre de la même année, il s'y trouvait encore, et c'est de cette ville qu'il écrivit à Mazarin, ce jour-là, une lettre, tirée par moi, comme la précédente, des archives nationales (*Ibidem*, tome III, page 319).

Ce fut en 1649 que Mgr Barthélemy d'Elbène, évêque d'Agen, établit les filles de Sainte-Ursule à Marmande, en même temps qu'au Port-Ste-Marie et à Ste-Livrade (Labenazie, t. II. p. 484).

L'année suivante, eut lieu la réception de David de Laliman, pourvu des cinq offices de bailli, juge royal ordinaire, lieutenant principal, lieutenant particulier, assesseur criminel et commissaire examinateur en la juridiction de Marmande (*Inventaire* de M. Bosvieux, p. 11.).

Nous lisons dans *l'Histoire de la guerre de Guyenne* par Balthazar (édition de M. Moreau, bibliothèque elzevirienne, 1858, p. 321): « Le prince de Condé, après avoir rallié et rassuré ses troupes, demeura quelques jours à Agen; et de là il alla à Toneins avec les troupes de Balthazar. Il obligea le Mas - d'Agenais de recevoir garnison; il en fit de même à Marmande.... » Ce fut au mois de mars 1652 que Condé occupa Marmande, comme le prouve une lettre que, le 18 de ce mois, il écrivit de cette ville, en apprenant la nouvelle de la reddition de Saintes, lettre publiée pour la première fois, d'après les papiers de Lenet, à la Bibliothèque nationale, par M. le comte Jules de Cosnac (*Souvenirs du règne de Louis XIV*, 1866, p. 136).

Le prince de Condé ayant quitté la Guyenne peu de jours après (24 mars), et son frère, le prince de Conti, « ne trouvant pas sa sûreté dans Agen, qui avait déjà traité avec le comte d'Harcourt (1), » se présenta devant Marmande. Mais d'après Labenazie (tome I, p. 352), « on ne voulut pas souffrir qu'il entrât dans la ville. On permit seulement qu'il passât le long des murailles.»

On trouvera dans le tome VIII des *Archives historiques de la Gironde* diverses lettres adressées au cardinal Mazarin, les unes de Marmande, les autres sur Marmande. J'indiquerai notamment une lettre de M. de Bougy (du camp près Marmande le 13 avril 1652 (2), une lettre de M. de Tracy, de Marmande même (7 mai) (3),

(1) Balthazar, p. 322.

(2) Jean Révérend, marquis de Bougy, lieutenant général, qui épousa en 1654 Marie de la Chaussade de Calonges et qui mourut au château de Calonges, en 1658, âgé de quarante ans.

(3) Alexandre de Prouville, seigneur de Tracy, conseiller du roi en ses

une lettre de M. de Saint-Luc (1) (8 mai), annonçant l'achèvement du pont de bateaux établi devant cette ville (2), une nouvelle lettre de M. de Bougy, s'écriant de Marmande, le 8 mai : « il y a très longtemps que nous sommes sans rien faire, manque d'infanterie, de canon et de poudres ; » une lettre du chevalier de Vivens, apprenant au ministre, le 23 mai, que « l'armée desloge aujourd'hui des environs de Marmande, et s'en va à Aymet, le long de la rivière du Drot (3) ; » une nouvelle lettre de M. de Tracy (de Monflanquin, le 17 août) dans laquelle il annonce que l'on refait le pont de Marmande pour conserver cette ville et celle d'Agen ; enfin une autre lettre de M. de Vivens, du 16 septembre, rappelant que l'on compte à Clairac, à Montpesat, au Temple, à la Parade, environ quatre mille hommes dont le comte d'Harcourt s'était saisi pour assiéger Villeneuve et pour garder Marmande.

Le lieutenant général de Marin (Michel du Bouzet) vint, dans l'automne de 1652, établir son quartier général à Marmande. Il s'y trouvait encore l'année suivante, comme nous l'apprend une lettre du chevalier de Vivens au cardinal Mazarin (22 mars 1653. *Archives historiques de la Gironde*, tome VII, p. 396), dans laquelle le chevalier insiste pour que l'on prenne les frondeurs de Bordeaux par la famine, et pour qu'on défende absolument à M. de Marin ou autre commandant à Marmande « d'y laisser passer huile, bled, ny prune soubz quel prétexte que ce soit » (4).

---

conseils, lieutenant général des armées de S. M. en Guyenne. — Le comte d'Harcourt écrivit aussi de Marmande deux lettres à Mazarin le 9 et le 14 mai.

(1) François d'Espinay, marquis de Saint-Luc, comte d'Estelan, lieutenant général en Guyenne.

(2) Déjà, le 7 avril, le chevalier d'Aubeterre avait écrit du Mas au Cardinal : « Nous faisons un pont de bateaux sur la Garonne à Marmande. » Voir encore une lettre du comte d'Harcourt au ministre Le Tellier (écrite au camp du Mas-d'Agenais le 30 avril 1652) tirée par M. de Cosnac des Archives du Ministère de la Guerre et publiée par lui dans le tome III (p. 217-220) des *Souvenirs du règne de Louis XIV* (1872).

(3) Dans la *Gazette*, de Renaudot (n° du 1er juin 1652), on lit à la date du 20 mai, p. 538 : « Le comte d'Harcourt est à Marmande, et ses troupes continuent le blocus de la Réole. » Dans la *Gazette* du 8 juin (p. 560) on lit à la date du 27 mai : « Le comte d'Harcourt est tousjours à Marmande et ses troupes aux environs d'Aymet, La Sauvetat, etc. »

(4) Le lundi 6 septembre 1661, le savant Etienne Baluze, qui allait de Toulouse à Paris, passant par Agen, coucha à Marmande d'où il alla à Cadillac, puis à Bordeaux. (Notes inédites de Baluze, Bibliothèque nationale, Collection dite des Archives, vol. CCCLXVII, p. 123).

J'ai entre les mains la copie d'un document que je vais transcrire dans toute sa naïve teneur.

Détail sur un affreux désastre arrivé l'an 1672, dans la ville de Marmande, le 17 du mois de Juin :

« Il est toujours agréable aux descendants de leur laisser quelque souvenir de ce qui est arrivé du temps de leurs ancêtres. C'est précisément dans cette vue que je vais vous faire le narré de ce malheur. Le vendredi, à minuit, il s'éleva une furieuse tempête suivie de plusieurs coups de tonnerre qui faisaient trembler la terre. Le feu du ciel tomba sur le clocher de notre paroisse, et mit le feu à un magasin de poudre qui était dans une chambre dessous ledit clocher. Cette poudre fit un grand éclat, tellement qu'elle écrasa le clocher (1), et en tombant il brisa la moitié de l'église, jusqu'à la maison de M. Drouilhet (2). Le clocher fit un grand désordre en tombant. Il démolit entièrement les maisons que je vais vous nommer, et de plus il ensevelit sous les ruines dix-sept à dix-huit personnes et des familles entières. Il tomba premièrement sur la maison de M. Darquey, marchand drapier, qui appartient aujourd'hui au sieur..... Il rasa cette maison. Lui, sa femme, une petite fille et sa servante furent tous les quatre trouvés morts dans leurs lits. Secondement il tomba dessus la maison de M. Portarieu qui est maintenant celle de Mme la veuve Dunoyer. Cette maison, confronte à la place, fut démolie. Il tua sa femme, trois enfants et sa servante. On la trouva qu'elle n'était pas encore morte, mais le lendemain elle

---

(1) Ce clocher devait être une de ces flèches hardies autant qu'élégantes que le XIVe siècle aimait tant à faire monter dans les nuages. Combien il est regrettable que la belle église de Marmande ne possède aujourd'hui, en remplacement de cette flèche, qu'un clocher digne à peine d'une église de campagne ! Espérons que le XIXe siècle ne s'écoulera pas sans que le malheur arrivé il y a deux cents ans soit enfin splendidement réparé ! — On trouvera une description de l'église de Marmande dans l'*Histoire religieuse et monumentale du diocèse d'Agen*, par M. l'abbé Barrère (t. II, p. 129-131), description qui a été abrégée par M. Ad. Joanne, dans son *Itinéraire de Bordeaux à Toulouse, à Cette et à Perpignan* (p. 56).

(2) C'est cette maison, justement admirée des archéologues, qui, naguère achetée par la ville de Marmande, vient d'être démolie pour dégager la principale façade de l'église, dont le magnifique portail était à peine visible. Sans doute il est dommage qu'une telle maison, qui était presque un monument, n'ait pu être conservée, mais la rue qui la séparait de l'église était si étroite, si *obscure*, que la destruction de l'antique demeure de la famille Drouilhet devenait une de ces nécessités devant lesquelles on s'incline sans murmure, sinon sans regret.

mourut. Et quant au sieur Portarieu, il n'eut aucun mal, et deux de ses enfants évitèrent le danger. Troisièmement il tomba sur la maison de M. Laboissie Gauthier qui est aujourd'hui celle de M. Danev, médecin ; la moitié de cette maison sur le derrière fut mise en ruine et il tua sa femme, et un garçon, son fils et un pensionnaire n'eurent pas de mal, parce que la maison resta tout entière sur le devant. Quatrièmement, il tomba sur la maison de la veuve Dumas, chirurgien, qui appartient maintenant à M. Mouran fils aîné ou autrement à côté de celle que je viens de citer, elle fut également mise à bas ainsi que d'autres que je ne nomme pas. Il tua deux de ses filles et sa servante, qui cependant ne moururent que le lendemain, mais ce qu'il y a encore de plus surprenant, c'est que dans un si grand débris et parmi tant de ruines on trouva les cloches toutes droites qui n'étaient nullement gâtées, et aussi, chose miraculeuse ! sous un millier de charrettes de ruines, le Saint-Sacrement et sa custode, de même qu'une statue en bois qui se trouvait au dessus de l'autel avec une Notre-Dame, ne se trouvèrent nullement endommagées. L'on retira du tabernacle qui n'était que peu gâté le Saint-Sacrement et sa custode qui furent trouvés sains comme on les avait mis, et ils furent aussitôt portés en procession aux Cordeliers. Tous les religieux et pénitents assistèrent à la cérémonie, et Mg. l'Evêque, qui arriva le lendemain (1), fit une procession générale dans toute la ville avec le Saint-Sacrement. » — Dans une note mise en marge, le narrateur avait ajouté : du côté de la rue, savoir jusqu'à la chapelle Saint-Jean, qui est maintenant celle de Saint-Clément, et du côté de la sacristie, il ne resta que le mur. »

Labenazie (tome II, p. 498) s'était contenté de dire : « le feu du ciel tomba sur le clocher de l'église où l'on avait fait le magasin des poudres ; il abbatit une partie de l'église, mais la piété des habitants la rétablit bientôt après ; il cousta à cette ville 21 mille francs pour remettre ce que le feu du ciel avait abbatu. Quand on n'aurait pas d'autres preuves de la piété et de la religion des habitants de Marmande, cette seule action suffit pour faire voir que leur zèle est sans exemple. »

Le parlement de Bordeaux fut tranféré à Condom en Novem-

(1) Cet évêque était Claude Joly, l'ancien curé de Saint-Nicolas-des-Champs. Je me souviens d'avoir lu, dans une notice biographique sur ce prélat mise en tête d'un recueil de ses prônes et sermons, qu'il prêcha avec le plus grand succès à Marmande pendant une mission qui y fut donnée je ne sais plus en quelle année. Marmande fut, du reste, la première ville du diocèse qui entendit le célèbre orateur ; il s'y était arrêté, le 15 mai 1665, en allant de Bordeaux à Agen.

bre 1675 (1). L'incommodité de ce séjour (cette phrase impolie n'est pas de moi, mais de dom Devienne à qui j'en laisse toute la responsabilité) lui fit demander et obtenir sa translation à Marmande (2) où il siégea jusqu'en Mai 1678 (3), et d'où il gagna la Réole pour y être maintenu jusqu'en 1690. L'*Inventaire* de M. Bosvieux (p. 36) signale, sous la date 1677-78, un arrêt du parlement de Bordeaux, siégeant à Marmande, qui fait défense aux procureurs près les siéges du présidial, de la sénéchaussée et de l'élection d'Agen, de troubler dans l'exercice de leur charge leurs confrères de la R. P. R., qui avaient payé la finance requise pour être dispensés de prendre provision de leurs offices.

En 1680 (même *Inventaire*, p. 37), Marie Madeleine Thérèse de Wignerod, duchesse d'Aiguillon, agissant comme comtesse d'Agenais et Condomois, nomma Jean Perret à l'office de procureur du roi de Marmande (4).

La *Chronique Bordeloise* (édition de 1703, p. 165) nous a conservé cette singulière anecdote : « 1693 (5). Le 17 Février, une fille de Marmande qui s'était travestie en garçon ayant pris party dans les troupes, et fait six campagnes en qualité de soldat, ensuite ayant déserté avec quelques autres soldats, le procès lui fut fait et (elle fut) condamnée comme déserteur. Dans le même temps qu'on voulait l'exécuter, elle fit connaître son sexe au moyen de quoy le jugement fût suspendu, et cette fille fut renvoyée en prison » (6).

---

(1) Le 25 novembre, d'après Labenazie (t. I, p. 376).

(2) Le 10 janvier 1576, d'après le même *(Ibidem)*.

(3) Le 14 mars 1678, le parlement de Guyenne, présidé par M. de la Tresne, et sur le rapport de M. de Montaigne, rendit à Marmande un arrêt qui condamna les relaps de la ville d'Eymet au bannissement hors du royaume à perpétuité. Voir cet arrêt à la page 101 du tome V de l'*Histoire de l'édit de Nantes* par Benoit, aux *Preuves*.

(4) Plus tard (de 1727 à 1732), nous trouvons Erasme Faget procureur du roi à Marmande. *(Inventaire* de M. Bosvieux, p. 48).

(5) A l'année 1685, j'aurais dû rappeler la naissance de Pierre François Lafitau, d'abord jésuite, ensuite évêque de Sisteron, si j'avais partagé l'opinion de MM. Amen et Maillé qui, dans leur excellente *Géographie du département de Lot-et-Garonne* (1866, p. 87) en font un Marmandais. Mais tous les biographes assurant que le protégé du cardinal Dubois naquit à Bordeaux, MM. Amen et Maillé devront effacer le nom de Lafitau dans la prochaine édition de leur petit volume, et ajouter, en revanche, à la liste des hommes célèbres de notre département, l'académicien Jean de Silbon, né à Sos à la fin du XVIe siècle.

(6) Le roi nomma, cette année, l'abbé Paris prieur de Marmande.

En 1702, M. de Lalane, premier consul de Marmande, « conjuge au criminel, » condamna Antoine Baillé, contumax, à être pendu, pour avoir assassiné Antoine Bermuz (*Inventaire* de M. Tholin, p. 100).

Le 29 Décembre 1705, suivant Labenazie, Mgr Hébert partit d'Agen pour aller présider aux exercices d'une mission dans la ville de Marmande.

En Octobre 1711, le même prélat « fit la retraite » à Marmande. Nous lisons dans les *Mémoires* du duc de Saint-Simon, à l'année 1722 (p. 369 du t. XII, édition Chéruel) : « Je passai un jour franc avec le maréchal de Berwick à Marmande, et avec le duc de Duras, qui était avec lui, et qui commandait en Guyenne sous lui. J'appris là que nous n'étions qu'à quatre lieues de Duras. Je voulus y faire une course pour en dire des nouvelles à Madame de Saint-Simon, et des beautés que le maréchal son oncle y avait fait faire toute sa vie avec attache, sans jamais les avoir été voir. J'en avais aussi curiosité, mais quoique je pusse faire, jamais ils ne voulurent y consentir... »

J'ai trouvé, aux archives nationales (carton K 1170), un procès-verbal de Claude Boucher, chevalier, seigneur des Gouttes, Hebecourt, Sainte-Geneviève et autres lieux, conseiller du roi en ses conseils, conseiller d'honneur au parlement de Bordeaux, président honoraire en la cour des Aydes de Paris, intendant de justice, police et finances en la généralité de Bordeaux, au sujet de l'adjudication de la jouissance de l'île ou gravier de Granon, près de Marmande, le 22 Juin 1735. Ce document est trop peu intéressant pour que je ne me contente pas de le mentionner purement et simplement (1).

De 1734 à 1736, Jean Eustache Bazin est nommé juge et bailli de la justice royale de Marmande. (*Inventaire* de M. Bosvieux, p. 49.) (2).

De 1739 à 1740, Jean Soulhagon fut nommé lieutenant

(1) Le syndic de la ville et communauté de Marmande était alors Barthélemy Pinsarrat. Les affiches annonçant l'adjudication avaient été posées dans les villes de Bordeaux, Marmande, Sainte-Bazeille, Tonneins, Gontaud et le Mas-d'Agenais.

(2) Ce magistrat se maria avec Anne Elisabeth Dupuy (*Ibidem*, p. 58). Leur fille, Marie Anne Jeanne, qui testa, le 19 juillet 1784, avait été mariée avec Jean Joseph de Guyonnet, conseiller-lay au parlement de Bordeaux. On trouvera sans doute bien minutieux, bien arides, la plupart des détails groupés dans ces dernières pages, mais l'histoire de Marmande au XVIIIe siècle est comme un de ces déserts infertiles où le voyageur n'a pas le droit de se montrer exigeant.

criminel en la justice royale de Marmande. (*Ibidem*, p. 50.) (1)

De 1741 à 1743, J.-B. Boutet de Labadie fut nommé procureur du roi à Marmande. (*Ibidem*, page 51.) (2).

Voici l'ordonnance (tirée de ma collection) par laquelle, le 27 Mars 1747, M. de Tourny nomma M. Faget de Cazaux subdélégué de Marmande :

Louis Urbain Aubert chevalier, marquis de Tourny, baron de Selongey, seigneur de Prescigny, Mercy, la Falaise, Carcassonne, Lambroise, le Mesnil, Pierrefitte et autres lieux, conseiller du roy en ses conseils, maître des requêtes ordinaires de son hôtel, intendant de justice, police et finances en la généralité de Bordeaux,

Le sieur Bayle (3) nous ayant représenté que ses infirmités ne luy permettaient plus de vaquer aux principales fonctions de la subdélégation de Marmande et prié d'en investir le sieur Faget de Cazaux, déjà pourvu de commission de M. Boucher, notre prédécesseur, depuis le 24 Mars 1730 pour exercer ladite subdélégation sous son inspection, et ayant reconnu dans ledit sieur Faget toute l'expérience et les qualités requises pour en bien remplir les fonctions, voulant néanmoins conserver audit sieur Bayle l'exercice de notre autorité dans les cas où ledit sieur Faget ne serait pas à portée d'en faire usage ;

Nous avons commis et commettons ledit sieur Faget de Cazaux pour faire et exercer les fonctions de notre subdélégué dans les villes et paroisses qui composent la subdélégation de Marmande et y faire exécuter les ordres que nous luy enverrons ou ferons adresser concernant le service du roy et celuy du public, enjoignons à toutes personnes de le reconnaître en ladite qualité et luy obéir en tout ce quy concernera le service du roy, à l'effet de quoy sera par luy donné connaissance de la présente commission dans les communautés de sa subdélégation, maintenons néanmoins le sieur Bayle, notre précédent subdélégué dans

(1) Un peu plus tard (1752-56), ce même lieutenant criminel reçoit une commission de père spirituel du couvent des Frères Mineurs de Marmande (*Ib.*, p. 52). Pour d'autres commissions du même genre voir les pages 55, 56, 57 du même *Inventaire*.

(2) Est-ce un fils de ce magistrat qui lui succède en 1775 ? « Boutet de Labadie, procureur du roi à Marmande. » (*Inventaire des Archives départementales de la Gironde*, c. 891).

(3) De 1752 à 1756, François Bayle fut nommé lieutenant général de police en la ville de Marmande. (*Inventaire* de M. Bosvieux, p. 52).

l'exercice des mêmes fonctions dans tous les cas où ledit sieur Faget de Cazaux ne serait pas à portée de vaquer.

Fait à Bordeaux, le 27 Mars 1747.

Signé: Aubert de Tourny,

et contresigné: par Monseigneur

Dupin de Leze.

Le 26 Mai 1747 eut lieu l'adjudication des réparations à effectuer au pont de la porte de la Ma et aux murs de la ville du côté du port de la Filiole. *(Archives dép. de la Gironde*, c. 569). (1).

En cette même année furent données par le roi, des lettres-patentes réunissant au corps de la communauté de Marmande les seize offices municipaux créés par édit du mois de Novembre 1733, savoir: deux offices de maire, de lieutenant de maire, d'assesseur, de secrétaire-greffier, anciens alternatifs et mi-triennaux, quatre offices de consuls, deux anciens et deux alternatifs mi-triennaux, et ceux d'avocat et de procureur du roi. *(Inventaire* de M. Bosvieux, p. 52) (2).

En 1750, les consuls de Marmande (3) eurent un procès contre M. de Guyonnet de Monbalen, conseiller au parlement de Bordeaux, au sujet d'un moulin situé auprès d'une des portes de la ville, appelée la porte de la Ma. Les consuls prétendaient que la communauté avait le droit de faire laver du linge et de faire abreuver les chevaux dans la gourgue de ce moulin. M. de Guyonnet soutenait qu'il était maître absolu de la gourgue aussi bien que du moulin. Les consuls de Marmande gagnèrent leur procès. *(Archives dépt. de la Gironde*, c. 570.). (4).

(1) De quelques-unes des pièces réunies dans ce carton, il résulte que la communauté de Marmande acheta, à une époque indéterminée, une place située sur le bord de la rivière, et appelée *place du château*, pour une somme de trois mille livres, et que cette somme fut cédée par le créancier de la communaute au couvent des Dames de la Visitation d'Agen, que ce couvent ayant voulu être payé en l'année 1684, plusieurs particuliers avancèrent les trois mille livres réclamées, et que pour éteindre cette vieille dette, la communauté obtint de l'intendant Boucher, en 1728, l'autorisation d'établir une imposition extraordinaire annuelle de six cents livres.

(2) Pierre de Massac était alors curé et archiprêtre de Marmande et supérieur de l'ordre de Saint-Benoît. *(Inventaire* de M. Crozet, série H, p. 4). Pierre de Massac était encore curé de Marmande en 1776. *(Inventaire* de M. Bosvieux, p. 71). A cet endroit, M. de Massac reçoit le titre d'écuyer.

(3) Ces magistrats étaient alors MM. Partarrieu, 1er consul, Doumax, Lamouroux, Fizellier. M. Lalyman était procureur-syndic de la communauté.

(4) L'avocat de la communauté était maître Ausonne. Le moulin de M. de Guyonnet est celui qui se trouve derrière la maison de feu M. Em. Lacombe, juge de paix du canton de Marmande.

En 1752, éclata une querelle entre les consuls de Marmande (1) et M. Jean Eustache Bazin, juge royal de ladite ville (2). Ce fut au sujet d'une question de préséance (mémoire pour les maire, consuls et procureur syndic (3) de la ville de Marmande conservé aux Archives départementales de la Gironde, c. 571).

Le juge Bazin eut une autre querelle, deux ans plus tard, avec le subdélégué de Marmande, M. Faget de Cazaux, qu'il ne craignit même pas d'insulter. Le bouillant magistrat fut mandé à Bordeaux par l'intendant, qui lui adressa (Septembre 1754) les reproches les plus véhéments. (4).

Un nouveau conflit s'éleva, le 15 Août 1755, à l'église, entre le lieutenant criminel, M. Souilhagon, et le maire, M. Boc-Varenne, soutenu par ses collègues MM. Ballias, Doumax, etc. M. Souilhagon, en l'absence du juge qui était à Paris, réclama la première place dans le banc réservé aux représentants de l'autorité. L'affaire fut portée devant le parlement de Bordeaux, qui reconnut la légitimité des prétentions du lieutenant criminel. (*Archives dép. de la Gironde*, c. 572).

En Septembre 1758, le maréchal duc de Richelieu passa à Marmande avec la duchesse d'Aiguillon, la comtesse d'Egmont et autres personnages. Voici la lettre (*Archives dép. de la Gironde*, c. 575) qu'écrivit à l'intendant, à cette occasion, M. Faget de Cazaux :

Marmande ce 11 Septembre 1758.

Monseigneur,

Monsieur le mareschal duc de Richelieu, Madame la duchesse

---

(1) Le premier consul et maire était M. Cloupeau de L'Isle. Les autres consuls étaient MM. Coudroy de L'Isle, lieutenant d'infanterie au régiment d'Orléans, Conilh Beyssac et Roquette.

(2) Déjà, de 1745 à 1747, il y avait eu contestation entre les consuls de Marmande et les officiers de justice du même lieu, relativement à leurs droits respectifs. (Arch. dép. de la Gironde, c. 708.)

(3) Le procureur-syndic était alors M. Courréges.

(4) L'*Inventaire* des archives de la Gironde indique encore (1755-56) des documents sur les entreprises du sieur Bazin, contre les offices municipaux de Marmande (c. 573), sur une affaire entre le juge et les consuls de Marmande, au sujet des comptes de leur communauté (1759, c. 577), sur un nouveau différend entre le juge et les maire et consuls de Marmande (1759, *Ib.*), enfin sur une insulte faite par l'incorrigible Bazin, en 1762, au sieur Bouic, consul de ladite ville (c. 580). Etait-ce entre le même juge ou bien entre un successeur trop digne de lui, que les consuls de Marmande eurent à lutter, en 1765, au sujet du jettin appartenant à la communauté (c. 583)? Le portefeuille c. 583 contient une ordonnance qui autorise la communauté de Marmande à plaider contre ce juge.

d'Aiguillon, Madame la comtesse d'Egmont, Messieurs les présidens de Gasc, de Barbot, d'Estillac, Mazac, le chevalier de Vivens et Brieille arrivèrent icy jeudy soir à onze heures sans avoir soupé ny envoyé de cuisinier pour le préparer. Je me trouvé muny du nécessaire qu'on avoit commencé à préparer. Ils soupèrent, se couchèrent et partirent le lendemain après midy. Monsieur le Mareschal, Messieurs de Gasc, de Barbot et d'Estillac y sont arrivés ce matin à neuf heures, y ont pris du thé et sont repartis. J'ay fait tout ce qui m'a esté possible pour qu'ils eussent lieu d'estre satisfaits de ma réception et de l'accueil eu égard au peu de temps que j'avois pour m'y disposer.

J'ay l'honneur d'être avec un très profond respect,

Monseigneur,

Votre très humble et très obéissant serviteur,

FAGET DE CAZAUX.

En 1758 *(Ibidem)*, le premier consul de Marmande était M. Courréges. Les autres consuls étaient MM. Faget-Renol, Tropenat, Heraud.

Le Dictionnaire géographique, historique et politique des Gaules et de la France, par Expilly, dont le premier volume parut en 1763 (in-f°), donne à la ville de Marmande 931 feux, ce qui à raison de cinq personnes par feu, représente un total de 4,655 habitants, et à la communauté de Marmande (ville et campagne) 1,214 feux, soit 6,060 habitants. Le même Dictionnaire, si plein de précieux renseignements sur l'ancienne France, énumère ainsi les huit paroisses comprises dans la juridiction de Marmande : Baissat (69 feux), Bouillats (61 feux), Garrigues (25 feux), Massur (19 feux), la Maurelle (46 feux), Puyguiraud (49 feux), Saint-Pardon de Breuil (60 feux), Saint-Pierre de Breuil (60 feux).

En 1761, M. de Bonnefoux fut nommé adjoint à M. Faget de Cazaux, subdélégué de Marmande. *(Arch. dép. de la Gironde*, c. 579).

De 1763 à 1767, Guillaume Ballias de Laubarède est nommé lieutenant-principal civil et lieutenant criminel en la justice royale de Marmande (*Inventaire* de M. Bosvieux, p. 53) (1).

Le 16 septembre 1764, M. Faget de Cazaux écrivit à l'intendant que la nomination des officiers municipaux de la ville de Marmande avait été faite la veille par la communauté assemblée, et que l'on avait élu premier consul M. Lalyman-Varennes, se-

(1) En 1766, je trouve à Marmande un Elie Ballias, ancien maire de ladite ville et receveur des domaines du roi. (Archives de la mairie de Gontaud.) G Ballias fut remplacé, comme lieutenant-criminel, par Jean Ferran (1774-75, *Inventaire* de M. Bosvieux, p. 55).

cond consul M. Larroque ; troisième M. Le Rivaut de Bley ; quatrième le notaire Bouras ; et procureur-syndic M. Arnaud Fizellier. Le subdélégué ajoutait que M. Lalyman avait renvoyé le chaperon ; ne voulant pas accepter les fonctions consulaires. Mais il paraît bien que le démissionnaire se ravisa, car en juillet 1765 il signa, en qualité de 1er consul et avec ses collègues, un mémoire adressé à l'intendant au sujet des priviléges de la ville de Marmande que l'on venait de rogner (Archives départementales de la Gironde, c. 582).

En 1768, Jean-François Caulet obtient du roi l'archidiaconé de Marmande (*Inventaire* de M. Croset, série 6, p. 3).

En 1769, Jean Moustier, prieur de Laussou, supérieur du séminaire de Marmande, versa une somme de 21,000 livres, au profit du dit séminaire, entre les mains de Jean Louis d'Usson de Bonnac, évêque d'Agen (*Inventaire* de M. Bosvieux, p. 68) (1).

En cette même année, l'intendant écrivit une lettre de blâme aux officiers municipaux de Marmande, à l'occasion de leur conduite envers M. Lavau de Goyon, subdélégué (Archives départementales de la Gironde, c. 589) (2).

Le 4 juillet 1771, les consuls et jurats de Marmande décidèrent que l'on élargirait et planterait les chemins tout autour de la ville (boulevards actuels). L'intendant, avant d'approuver ces projets d'embellissement, voulut savoir s'il y aurait, pour les réaliser, assez de fonds dans la caisse municipale (*Ib.* c. 592) (3).

En juillet 1772, je trouve (*Ib.* 743) à la tête de l'administra-

---

(1) Voir pour ce séminaire diverses pièces indiquées dans l'*Inventaire* de M. Crozet (série 6, p. 2), et aussi (c. 53, 579, 582), dans l'*Inventaire des archives départementales de la Gironde*. La communauté des Ursulines de Marmande ayant été supprimée, ses biens passèrent à cet établissement. Sur les Ursulines de Marmande, consulter dans ces dernières archives, c. 570, 587, etc.

(2) Pierre de Lavau, écuyer, seigneur de Goyon. Vers cette même époque habitaient Marmande : Jean de Fayolles de Laval, écuyer ; Jean-Joseph Hyacinthe de Coronex, écuyer, sieur de Vignal ; Jean-Baptiste Blaise Anaclet de Fontaine-Marie, écuyer, seigneur de Carteau, Auriolle et Valladuc, ancien chevau-léger de la garde du roi. Le père de ce dernier avait été conseiller en la cour des aides et finances de Guyenne. (*Inventaire* de M. Bosvieux, pp. 73, 76, etc.). Parmi les souscripteurs à l'*Histoire de la ville de Bordeaux* de dom Devienne, énumérés en tête du volume (1771), je trouve ces noms marmandais : Ballias de Laubarède, le chevalier Faget de Renold ; de Fontaine-Marie, la marquise de Senneville.

(3) Je néglige le prétendu *incendie de l'hôtel-de-ville de Marmande attribué à un fou nommé Saint-Aubin (Inventaire des archives de la Gironde*, c. 590), parce que tout se borna à un feu de paille dans la prison (24 novembre 1770).

tion communale, à Marmande, MM. Delart de Campagnol, Dubie et Bonnard. Une délibération du 26 juillet de cette année (*Ib.*) est signée par MM. le chevalier de Lisle de Coudroy, ex-échevin, Faget de Caseaux, Pepin, Faget de Renol, Bouic aîné, Bivaud de Bley, Vital Vaqué, Sacriste et Maussacré, greffier-secrétaire.

En 1773, la disette des grains excita des troubles à Marmande. Des troupes y furent envoyées, et toutes choses rentrèrent bientôt dans l'ordre. (*Archives départementalee de la Gironde*, c. 1436 et 1438) (1).

Le 29 Septembre 1775, le maréchal duc de Mouchy, venant d'Agen, coucha à Marmande et repartit le lendemain pour Bordeaux. (Papiers de la famille de Raymond) (2).

Pour 1776, je relève dans l'*Inventaire des Archives de la Gironde*, la mention de la démission du sieur Tinèdre (*sic* pour Tissèdre), second consul de Marmande (c. 757), la mention de la prestation de serment de MM. Héraud et Cloupeau de L'Isle, consuls de cette ville (c. 759) (3), et enfin la mention de la démolition de deux portes de la même ville (c. 183).

En 1777, les officiers municipaux de Marmande refusèrent de recevoir dans leur assemblée le sieur Bernard Foucaud, nommé quatrième consul par le roi. (*Ibid.*, c. 597.)

Une lettre de l'Intendant au ministre Bertin, écrite le 12 Août 1777 (Archives départementales de la Gironde, c. 89), donne quelques détails sur une petite émeute qui éclata à Marmande lors

(1) Des détachements furent envoyés à Langon, à la Réole, etc., pour empêcher les bateaux qui descendaient du haut-pays, chargés de blés, d'être arrêtés et pillés par les habitants des paroisses qui bordent la Garonne. (*Ib.*, c. 1436)

(2) Un membre de cette famille, Gilbert de Raymond, avait prêté 2,000 livres à la communauté de Marmande. (*Archives départementales de la Gironde*, c. 575.) En 1759, une saisie fut faite par M. de Raymond sur les revenus de la communauté. (*Ibid.*, c. 577.)

(3) L'installation de M. Héraud, ancien officier du régiment de la marine, qui remplaçait M. Tissèdre, eut lieu le 10 mai 1776 « par devant messire Etienne de Forcade de la Grezère, écuyer, maire de ladite ville, assisté de MM. Lamouroux, ancien garde du roi, et Faget (Jacques), ancien bourgeois, jurat, consuls, » le sieur Maussacré étant greffier-secrétaire. L'installation de M. Cloupeau de Lisle, qui remplaçait M. Foucaud, démissionnaire, eut lieu le 12 mai « par devant le premier consul Arnaud Lamouroux. » Les deux nouveaux consuls écrivirent, le 17 mai, à l'intendant : « Monseigneur, nous avons l'honneur d'informer Votre Grandeur qu'en conformité de vos ordres, nous avons prêté le serment. Nous ne perdrons pas de vue les obligations qu'il nous impose. »

du passage de Monsieur (plus tard Louis XVIII) (1) : « La ville avait fait choix d'un nombre de jeunes gens de la première classe de citoyens pour former une cavalcade et aller au devant de Monsieur le 17 du mois dernier. Quelques artisans qu'il fallut faire écarter pour la liberté du passage ont prétendu en tirer vengeance : Ils ont cherché les occasions de maltraiter ceux qui composaient la troupe à cheval... Mandés ensuite à l'hôtel de ville pour rendre compte de leur conduite, ils ne s'y sont présentés qu'après s'être confédérés au nombre de quinze... Ils ont tellement résisté à l'exécution des ordonnances des magistrats et parlé avec un tel ton d'indépendance, que la maréchaussée fut obligée de mettre la bayonnette au bout du fusil pour leur imposer... Les artisans de cette ville ont donné dans toutes les occasions des marques de leur insubordination. Les époques du tirage de la milice et de la cherté des grains ont été presque toujours pour eux un signal de sédition et de révolte. » Quatre des rebelles furent condamnés à un emprisonnement d'un mois et les onze autres à un emprisonnement de quinze jours (2).

Vers cette époque, Pierre Romain Dubye fut nommé juge royal et bailli de la ville et juridiction de Marmande. (*Inventaire* de M. Bosvieux, p. 55).

Ce fut le 7 Septembre 1779 que M. François Léandre Martin de Bonnefond prit possession de la cure de Marmande. (*Vie de M. F.-L. M. de Bonnefond* par M. le comte de Marcellus, Bordeaux, 1810). Les Marmandais se souviennent avec vénération des vertus de ce saint prêtre, et surtout de l'admirable dévouement qu'il montra pendant l'épidémie qui, dans l'automne de 1791, ravagea Marmande et les environs.

De 1779 à 1781, Jean Perret est nommé Procureur du roi à Marmande. (*Inventaire* de M. Bosvieux, p. 55).

En 1780, l'orageuse question de la préséance mit encore une fois aux prises les officiers municipaux (3) et les officiers de

---

(1) On sait que Monsieur, alors âgé de vingt-deux ans, visita la Guyenne, le Languedoc et la Provence. Il coucha à Marmande chez M. Balliàs de Laubarède, dans la vieille maison duquel on voit encore, avec l'ameublement du temps, la chambre que le prince occupa.

(2) Je dois à l'obligeance parfaite de M. Goujet, le savant archiviste du département de la Gironde, la transcription de ce récit d'une *tempête dans un verre d'eau*. M. Goujet, qui a fait une étude approfondie de l'origine des noms de lieux, croit que Marmande vient du mot *Markomannia*, qui, dans le latin de l'époque mérovingienne, signifiait marche, frontière.

(3) MM. Sacriste, 1er consul, Seguin, Laperrière, Foucaud et M. Noguey-Cantecort, procureur-syndic. Les Sacriste tenaient depuis longtemps un rang

justice de Marmande. (*Archives départementales de la Gironde*, c. 117).

Le dernier subdélégué de Marmande fut M. Jacques Colombet de la Faurenque. (1)

Le 15 Septembre 1787, furent nommés consuls de Marmande MM. 1° Bazin aîné, avocat, 2° Lonné, avocat, 3° Bayle de Belile, notaire et receveur des domaines du roi, 4° Beaubens, bourgeois. (Archives départementales de la Gironde, carton 829). M. Bayle de Belile n'ayant pas accepté la charge de consul, une assemblée municipale tenue le 16 Décembre de la même année (*Ibidem*) décida que les trois autres consuls garderaient leurs fonctions pendant les neuf mois à courir encore. Assistaient à la séance de la jurade MM. Colombet de Pragnan, ex-consul, Barrier, Faget, Moustier, Mimaud de Piquet, Laperrière, Bazin, Bentejac, Marc-Antoine Doumax, Henry Bazin, Pepin, procureur syndic et Maussacré, greffier secrétaire.

Le 19 Septembre 1788, dans une lettre écrite à l'intendant, les nouveaux magistrats de la communauté de Marmande (Heraud, premier consul, Bonnard, consul, Boirac, consul) lui présentent « leurs respects et hommages » et réclament « la continuation d'une protection à l'ombre de laquelle ils se chargent du far- » deau de l'administration. (*Archives départementales de la Gironde*, c. 840-843).

Cette notice devant s'arrêter à la Révolution, je ne ferai plus que mentionner cette pièce: *Procès-verbal du pacte d'union fédératif opéré le 14 Juillet 1790 entre tous les citoyens de la ville de Marmande (extrait des registres de la maison commune)*. Agen, Ve Noubel, 1790, in-8°. (2).

---

distingué à Marmande. On voit dans l'*Armorial général de la France*, de Louis-Pierre d'Hozier (t. I, p. 481), que Pierre Sacriste, écuyer, seigneur de Malvirade, natif de la ville de Marmande en Agenois, épousa, en septembre 1542, Caterine de Sapas. Ce Pierre Sacriste était fils d'Amanieu Sacriste et de Lizone de Goulard : il fut capitaine de trois cents hommes de pied.

(1) Voir deux lettres de lui, une du 24 janvier 1783, l'autre du 27 mai 1788, aux pages 10 et 12 de l'*Histoire de la commune de Hautesvignes*.

(2) Je dirai seulement que le procès-verbal, rédigé de la façon la plus enthousiaste, est signé par MM. Dauber de Peyrelongue, maire; Salles, Cazenove de Pradines, La Faye, Duzan, Martinet jeune, Couhaz, Sabouraut, officiers municipaux; Pomicon aîné, trésorier, et Mellet, secrétaire-greffier.

TABLE

DES

NOMS DE LIEUX

ET DES

NOMS DE PERSONNES.

A.

B.

C.

D.

E.

F.

G.

N.

T.

U.

V.

W.

X.

Y.

Z.

www.ingramcontent.com/pod-product-compliance
Lightning Source LLC
Chambersburg PA
CBHW051724090426
42738CB00010B/2072
9782012592094